Colorea por números para
la calma

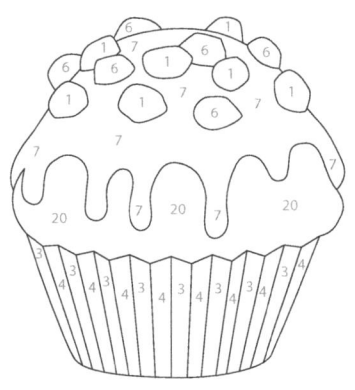

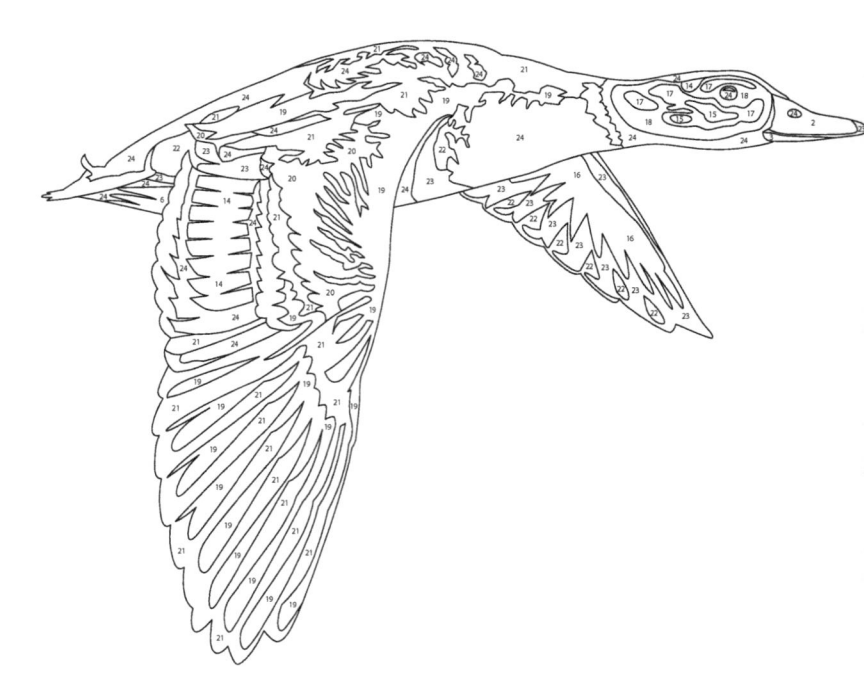

Colorea por números para
la calma

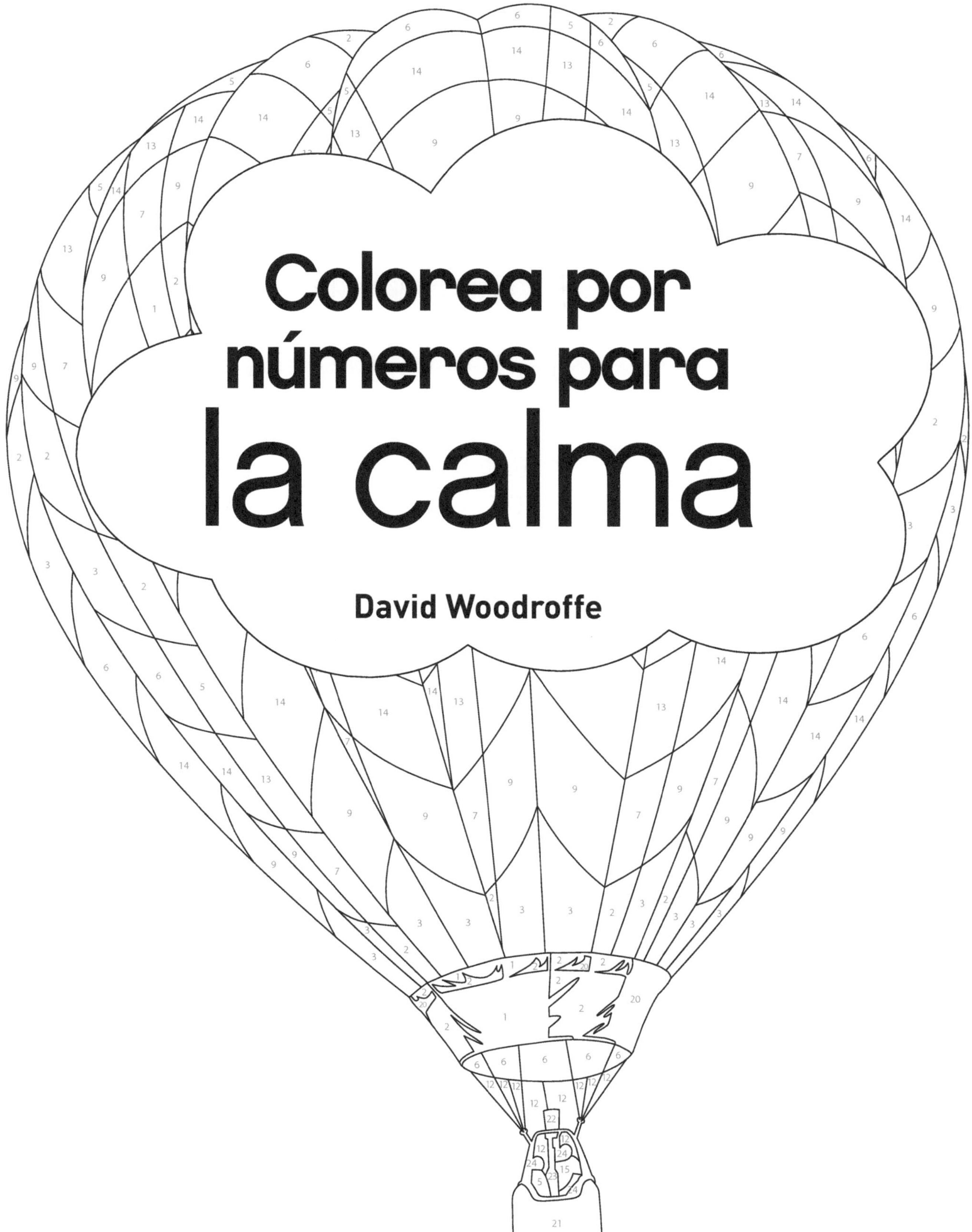

David Woodroffe

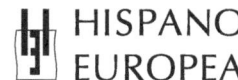
HISPANO
EUROPEA

Título de la edición original:
Calm colour by numbers

Publicado por primera vez en lengua inglesa
por:
Arcturus Publishing Limited
26/27 Bickels Yard, 151–153 Bermondsey
Street,
London SE1 3HA

E-mail: hispanoeuropea@hispanoeuropea.com

Depósito Legal: B. 7786-2016

ISBN: 978-84-255-2131-7

Consulte nuestra web:

www.hispanoeuropea.com

Impreso en España por:

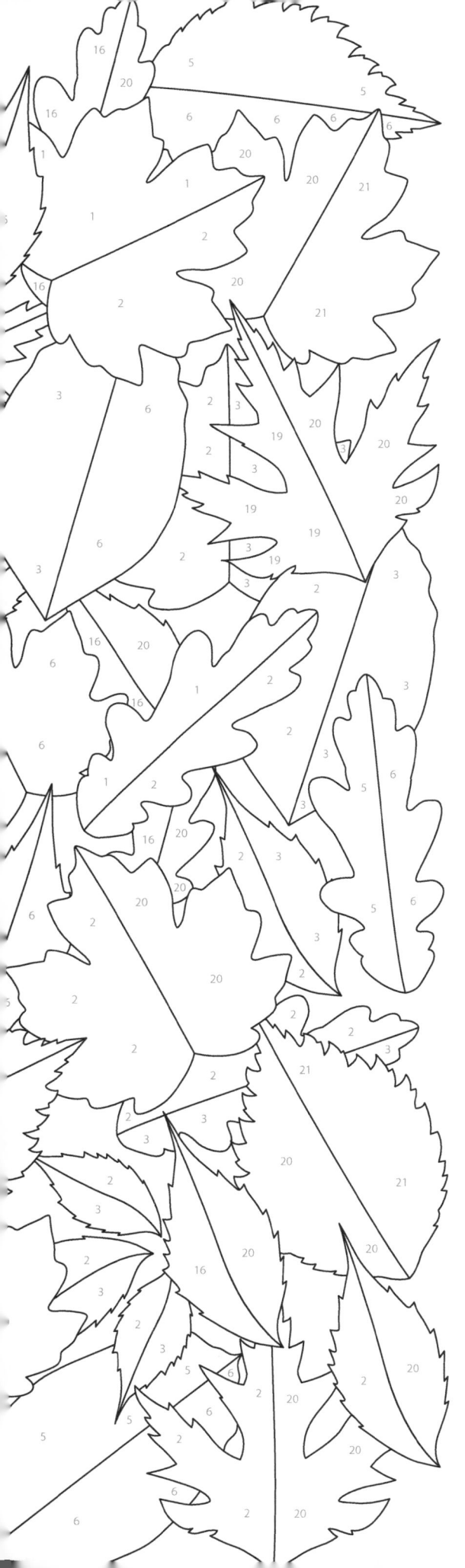

Introducción

Colorear es fantástico para despreocuparse y entretenerse; esa ha sido precisamente la finalidad de este libro de colorear imágenes por números para lograr la calma. La colección incluye animales, paisajes, estampados decorativos, ilusiones ópticas e ilustraciones inspiradas en el arte, la danza y la meditación.

Dedica un poco de tiempo a comprobar que tus colores se adecúan a los de la clave de colores que encontrarás en el interior de la segunda solapa. Incluso puedes etiquetarlos con un número para que el proceso sea más sencillo. Después elige una imagen y, poco a poco, ve aplicándole el color con calma y tranquilidad sobre todo en las zonas más pequeñas y delicadas. Enseguida la imagen empezará a apreciarse y advertirás cómo coloreando te vas relajando y apartándote del estrés de la vida diaria.

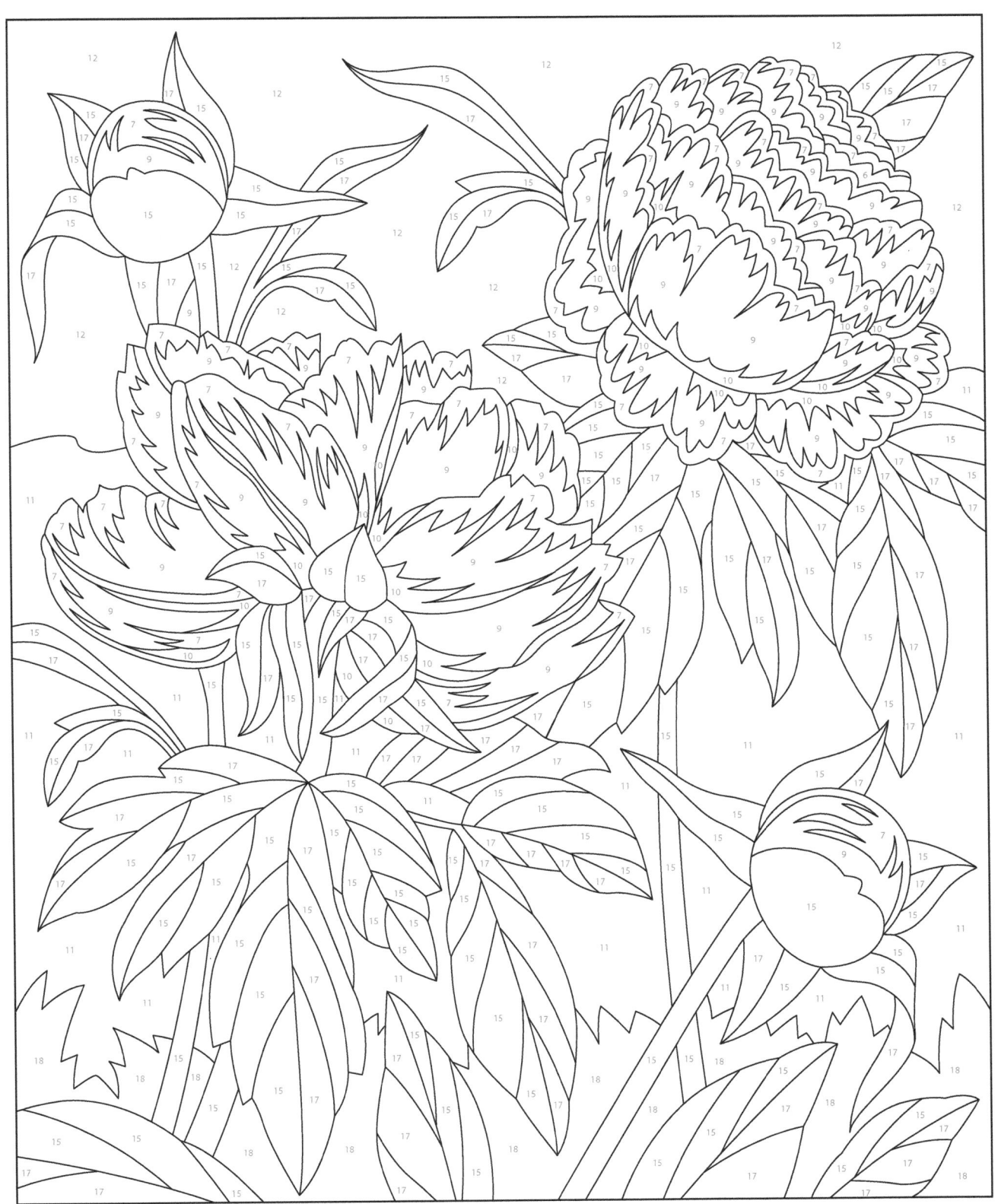

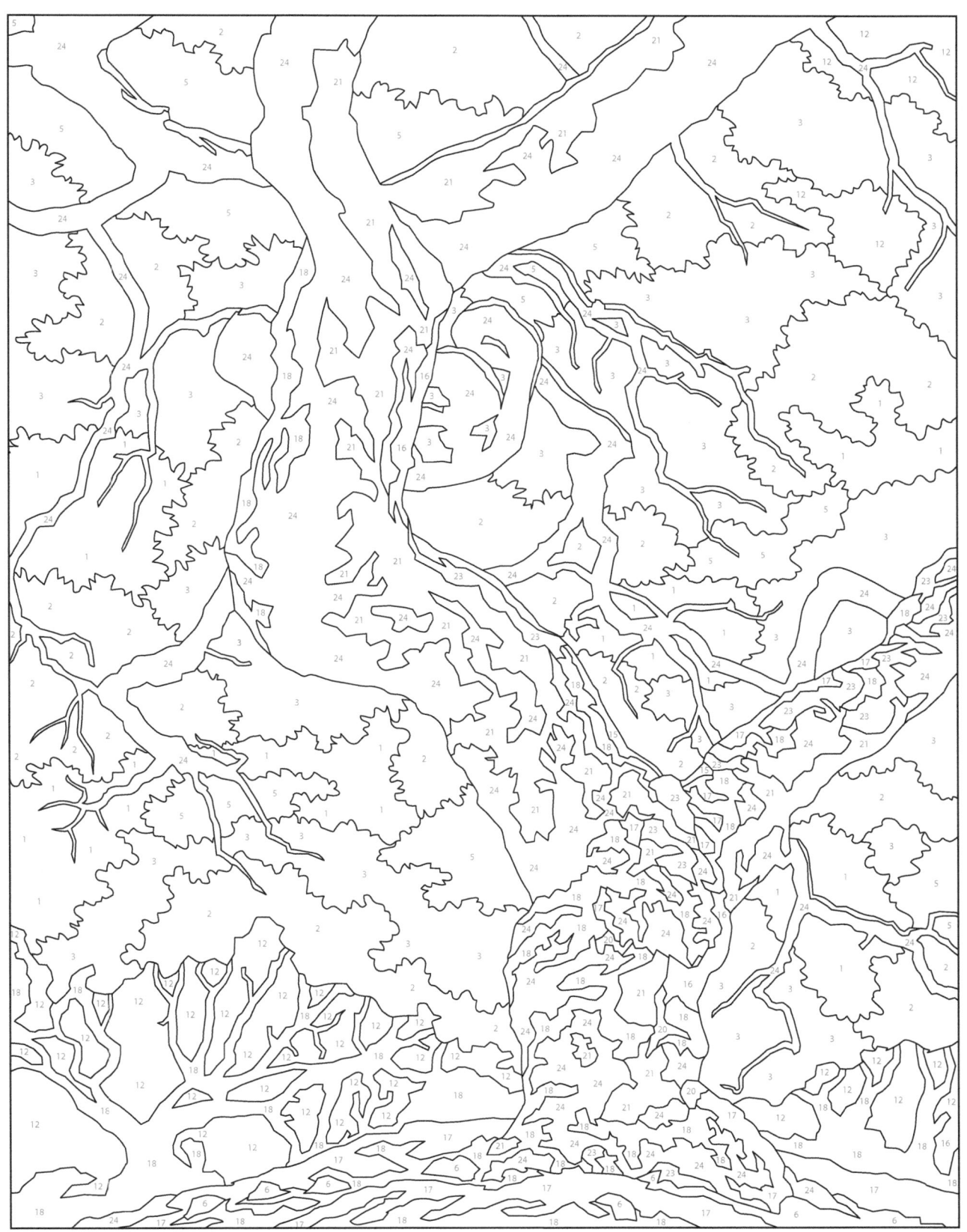

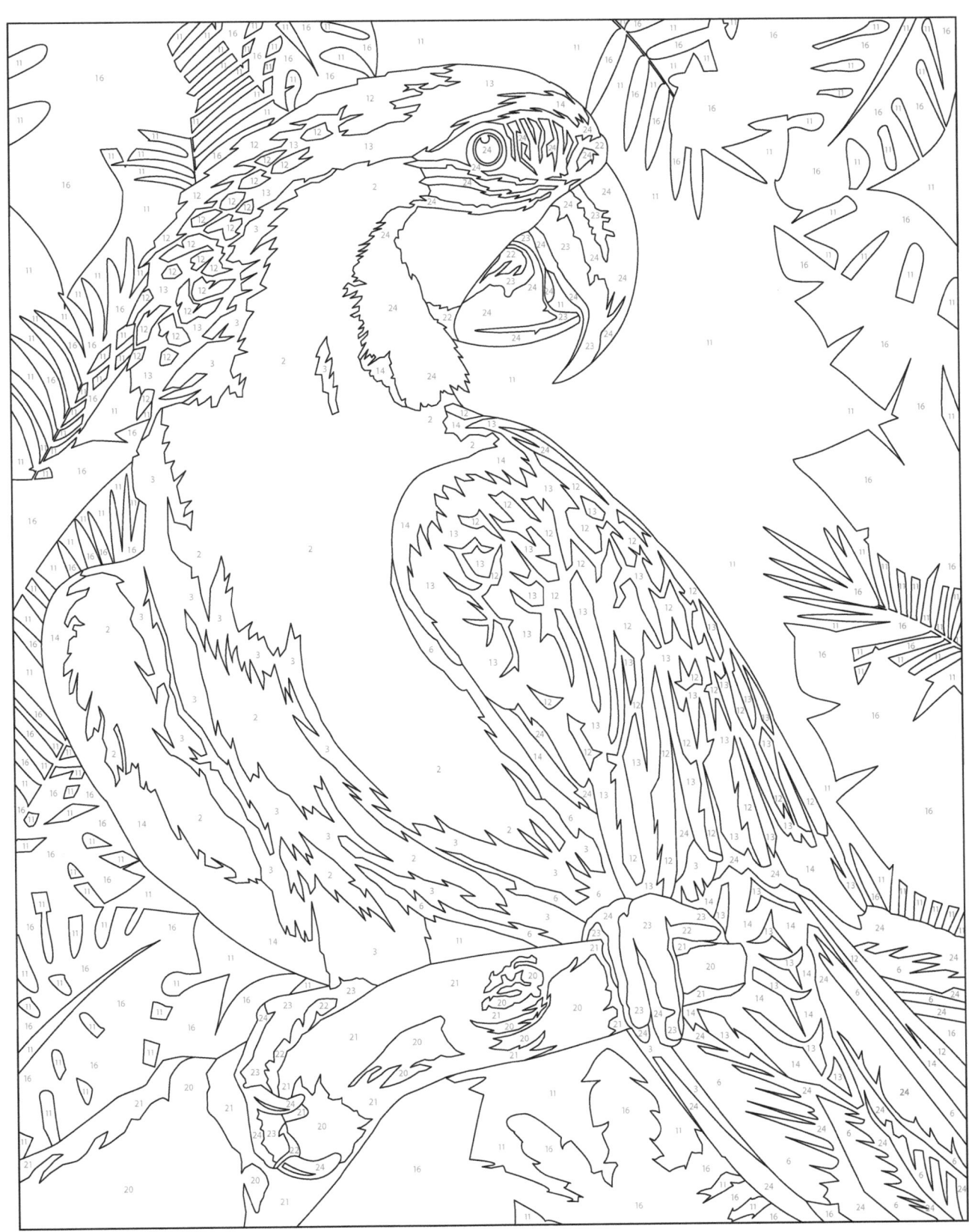

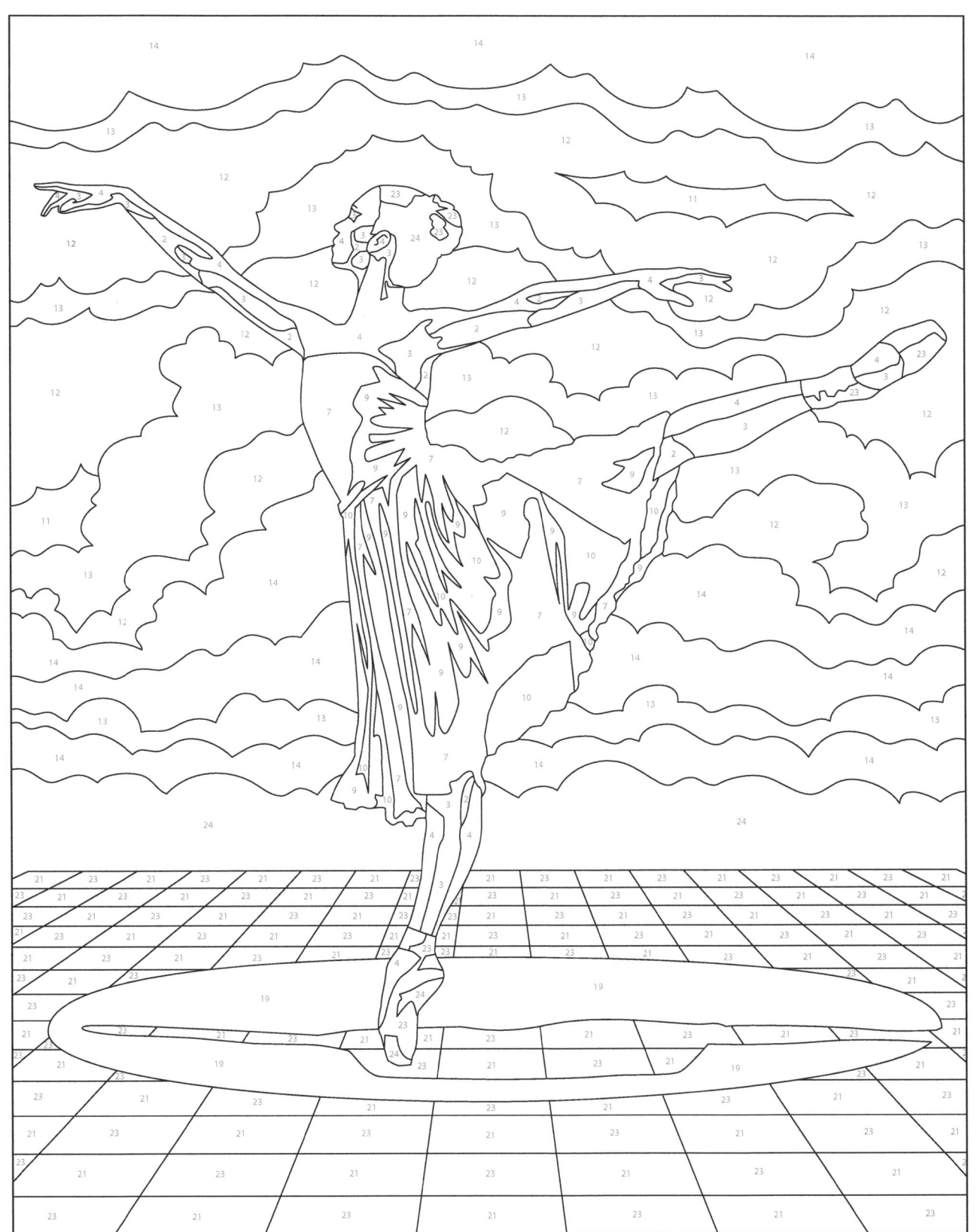

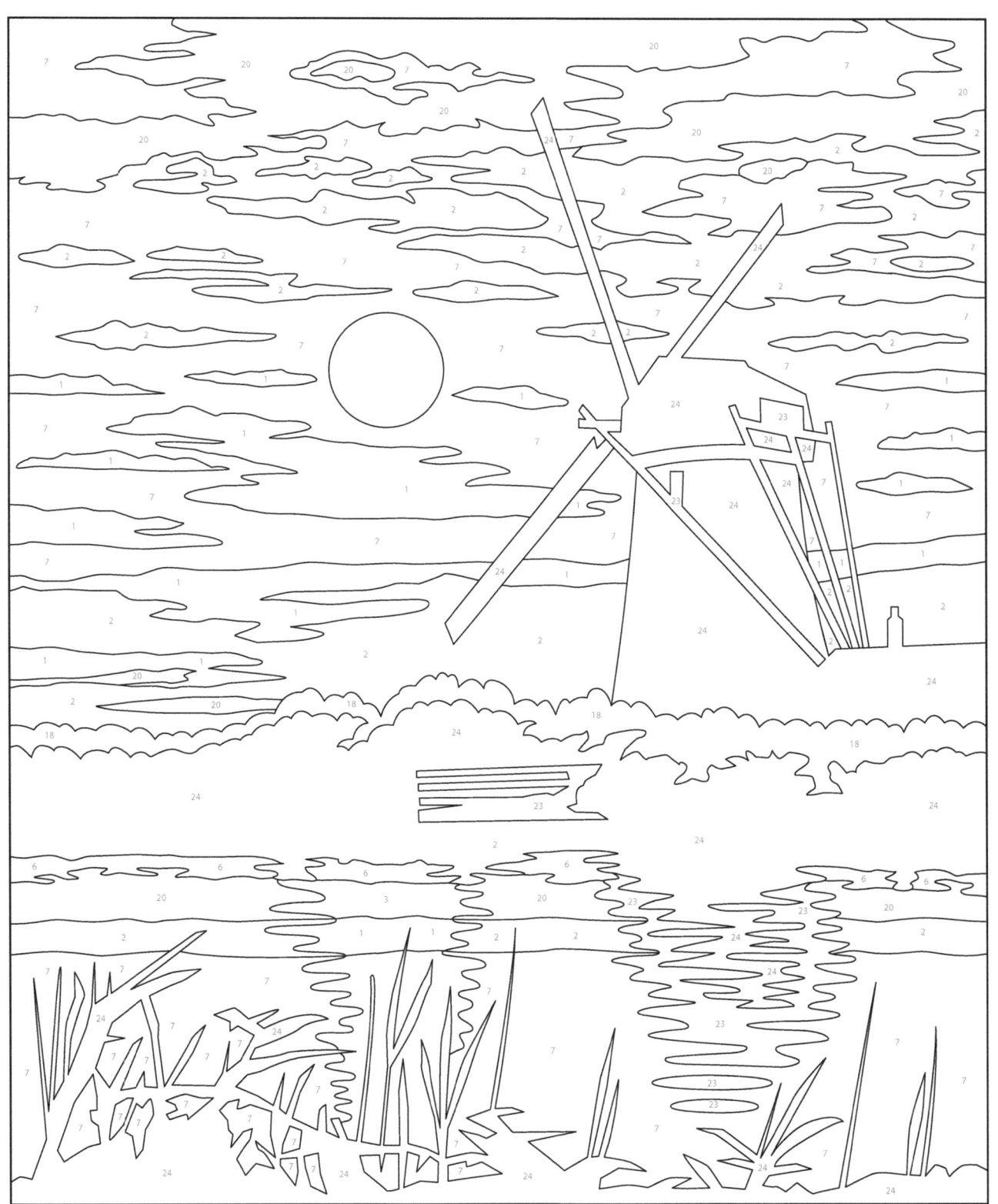

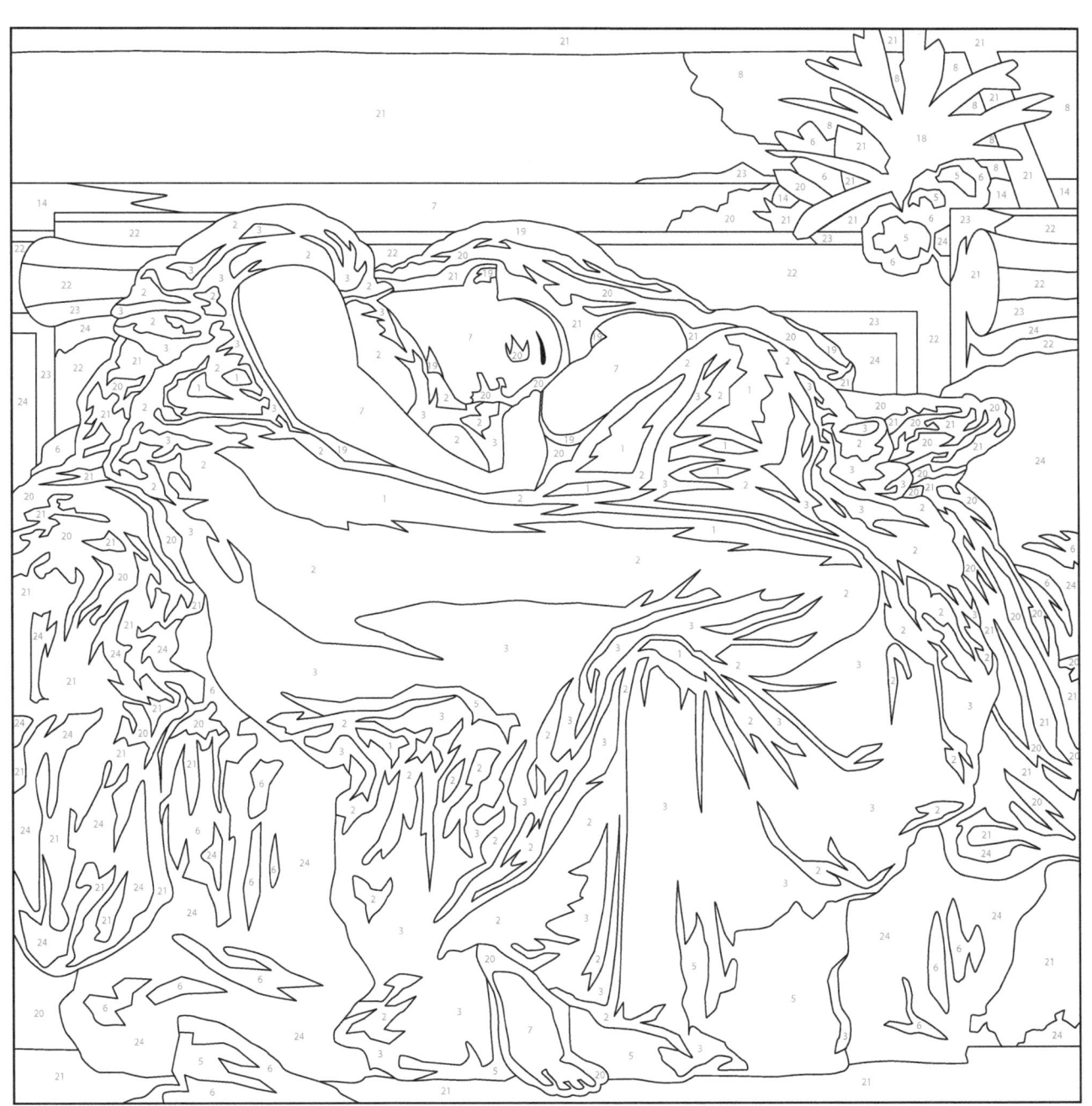

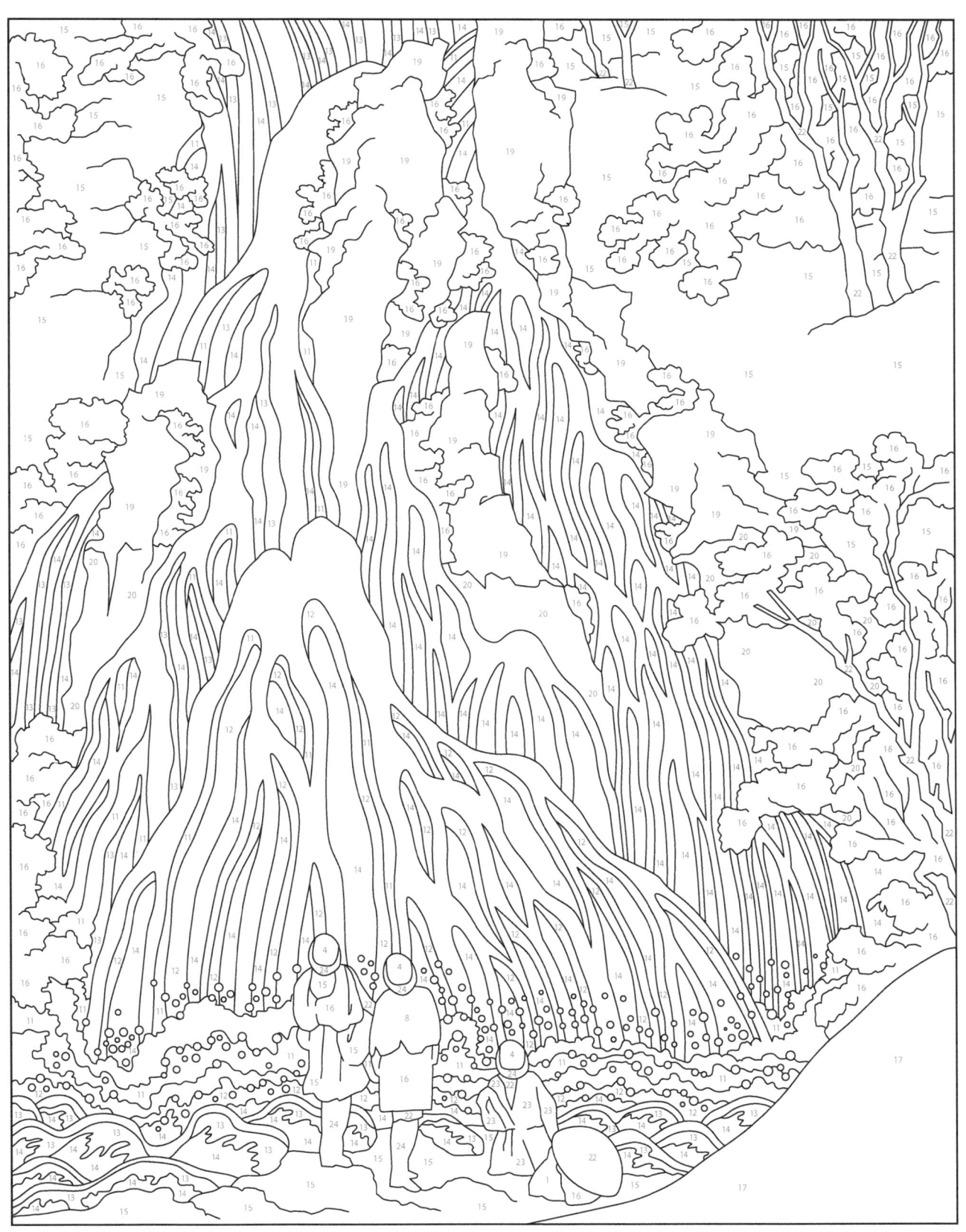

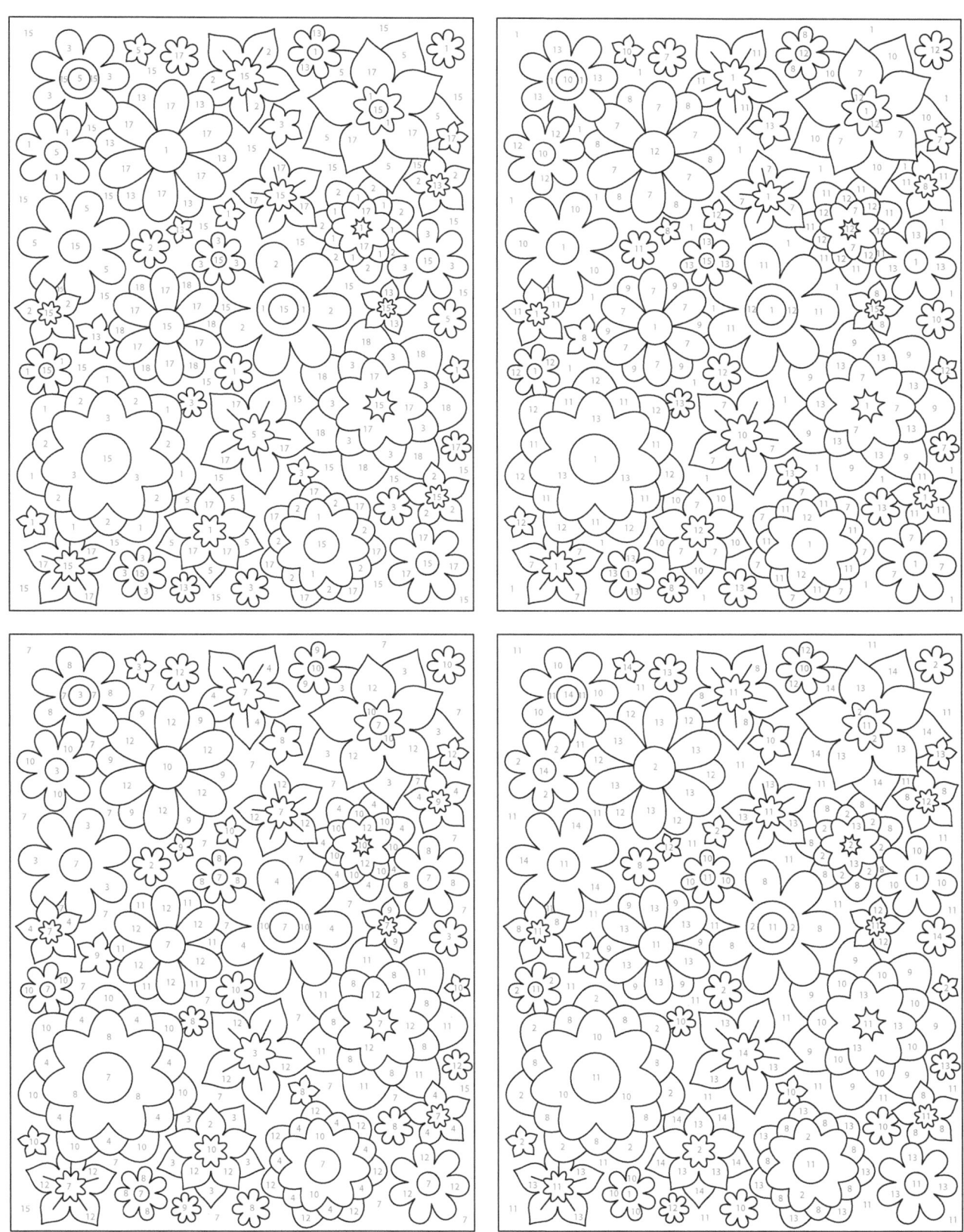

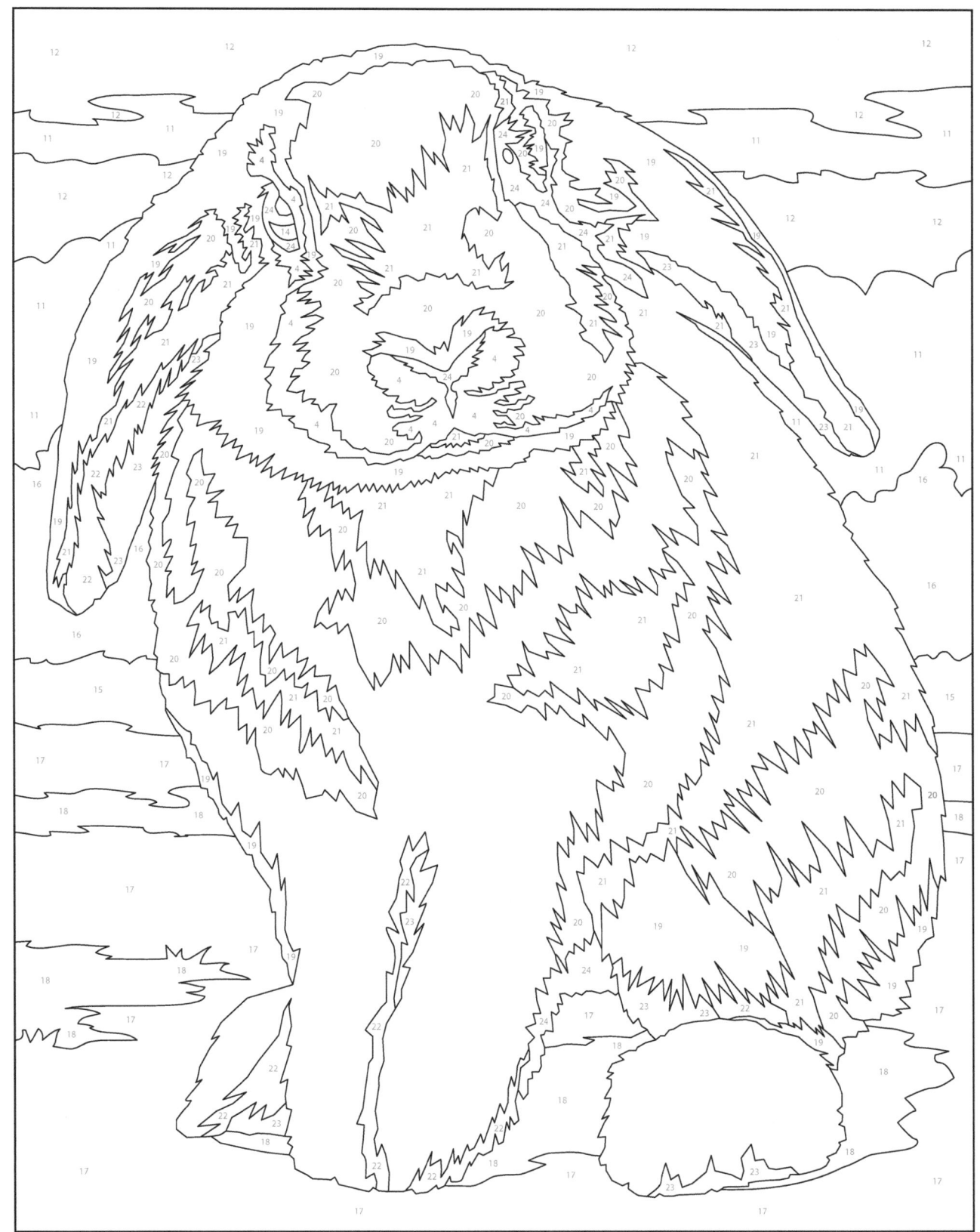

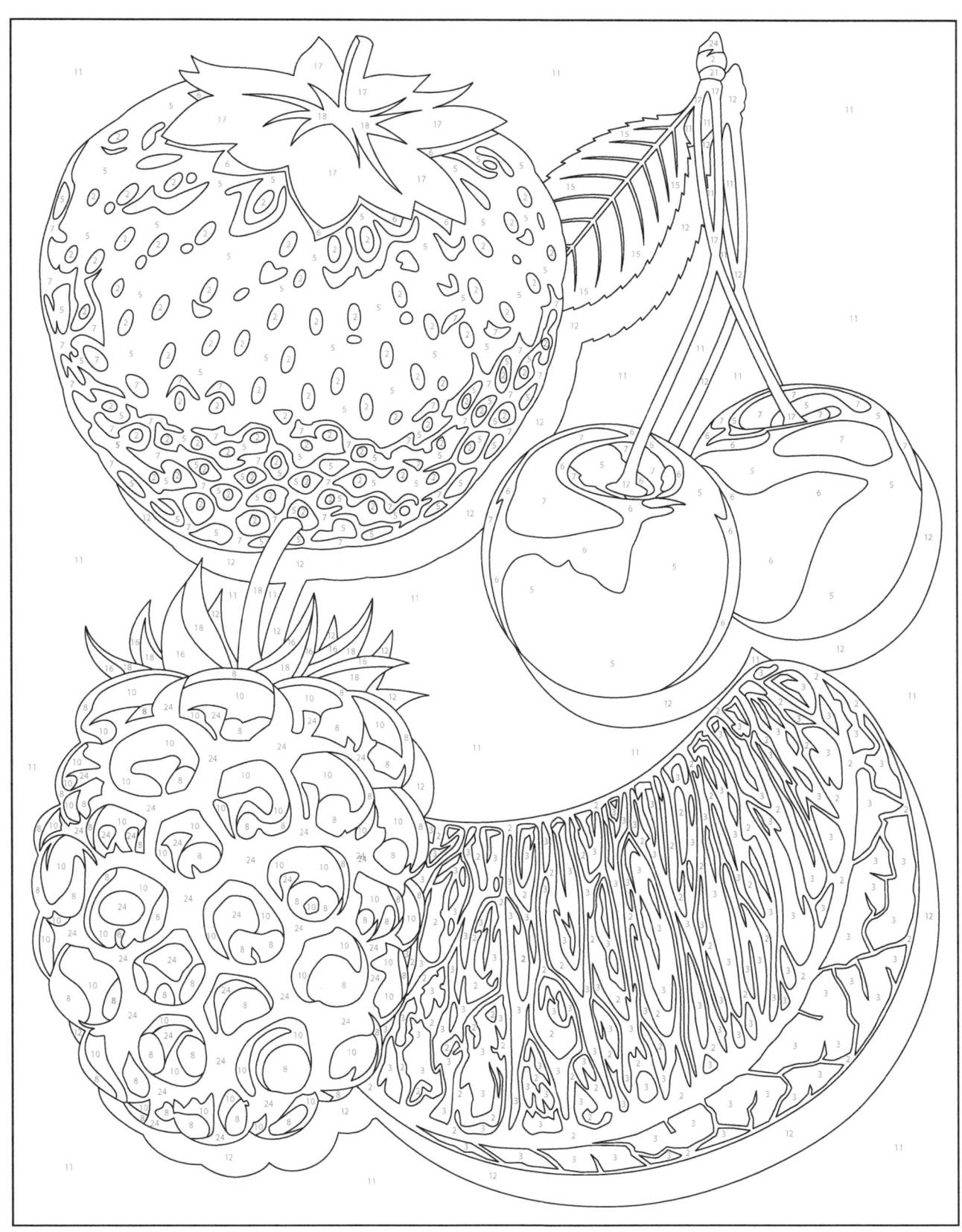

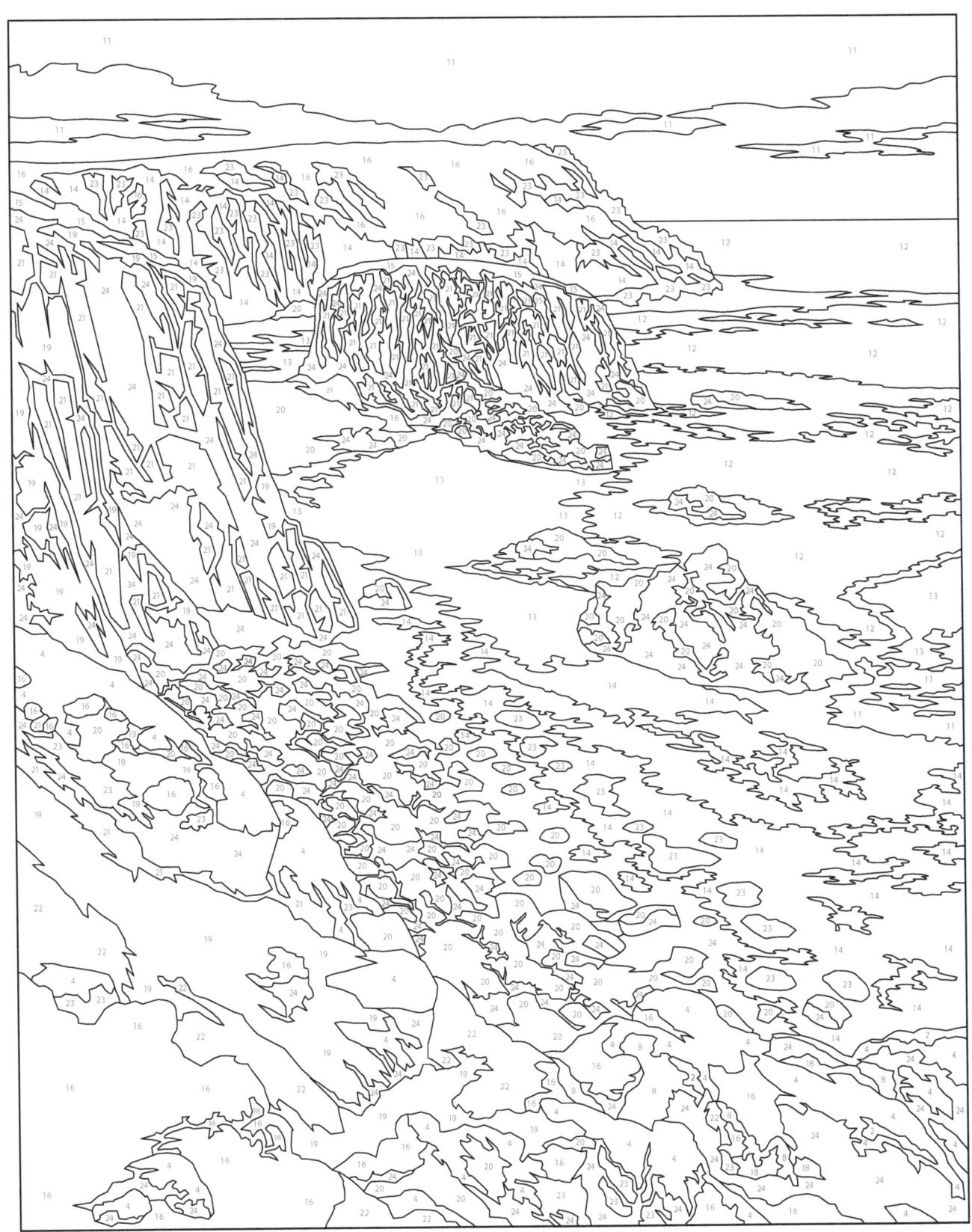

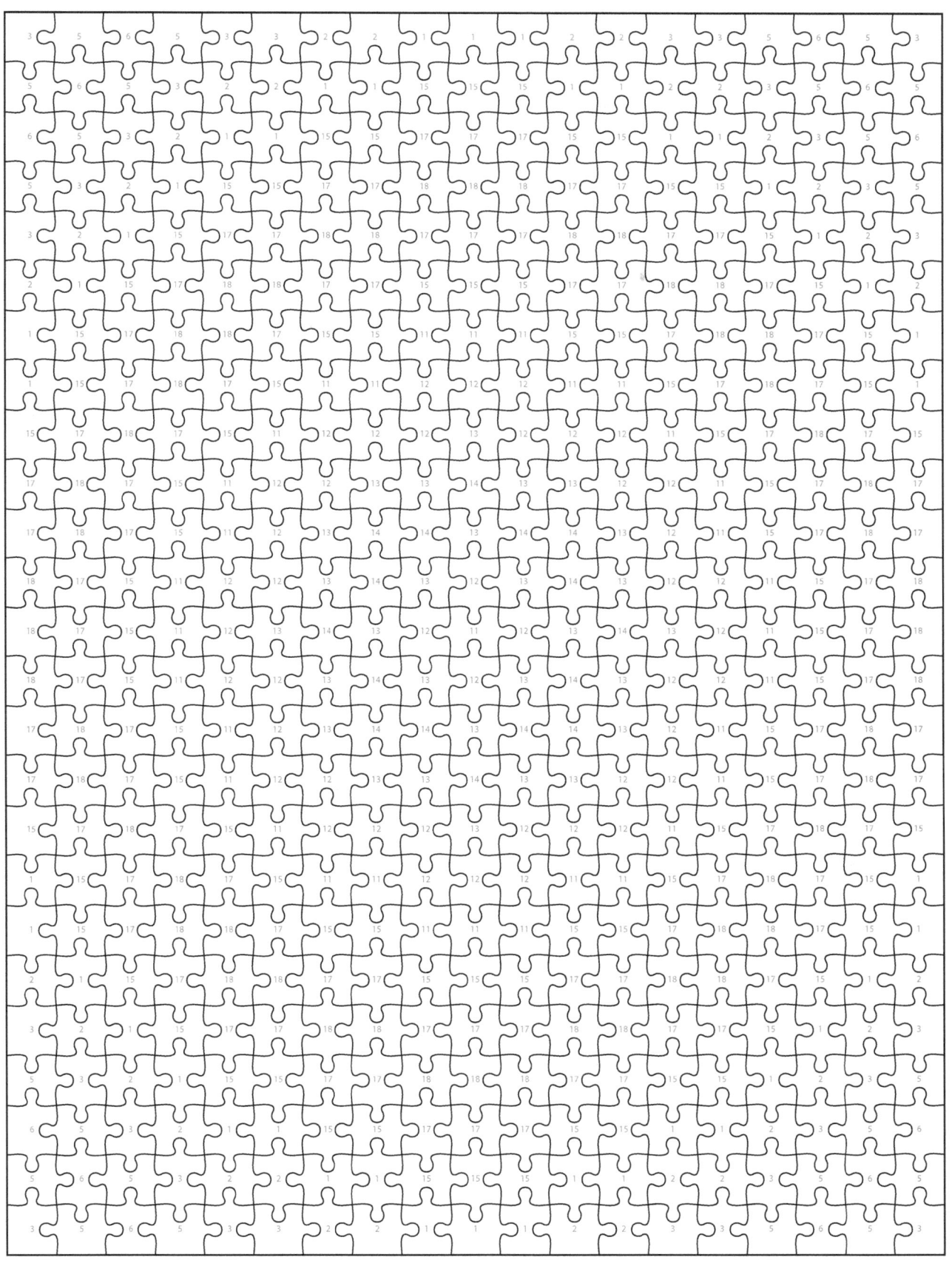

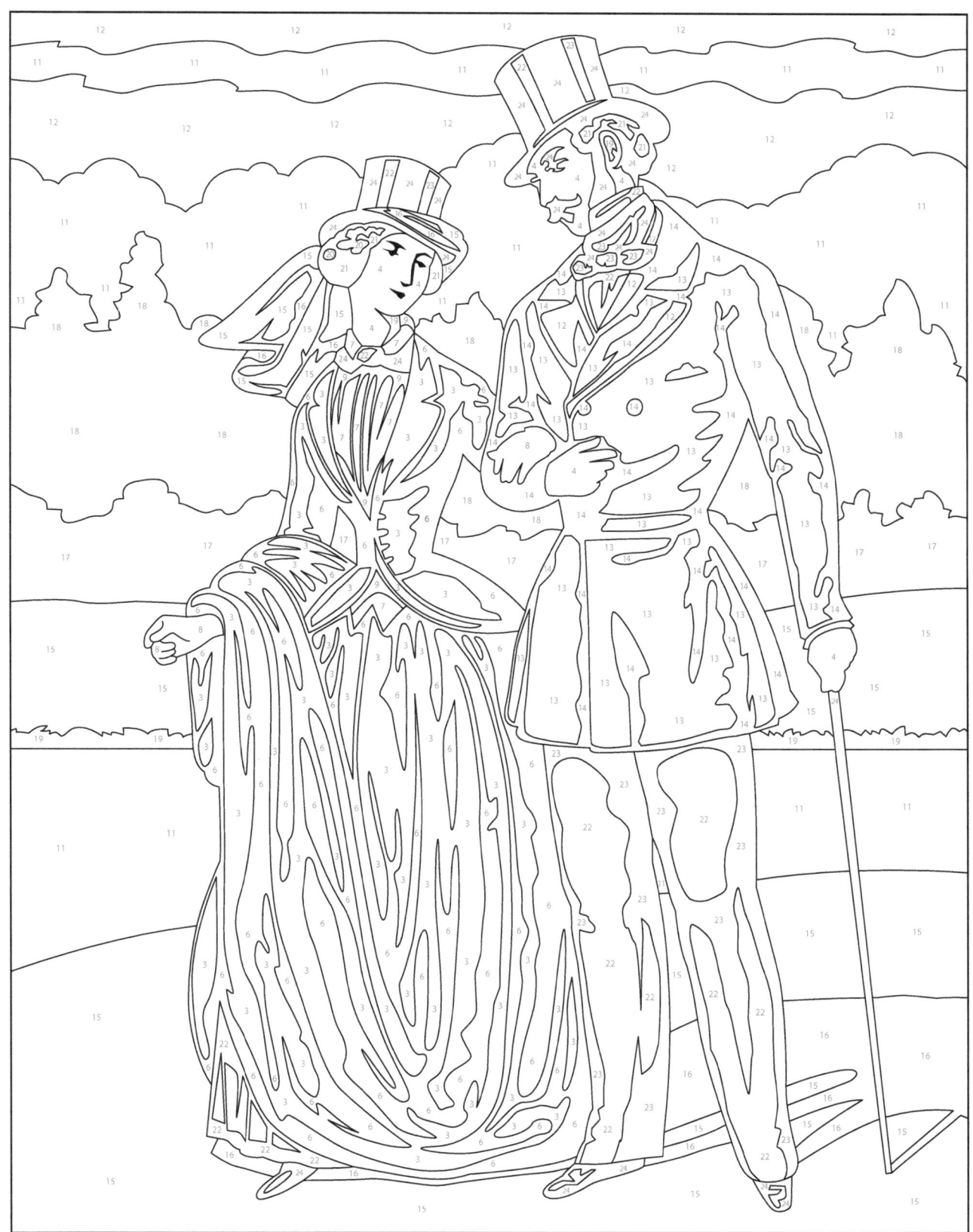

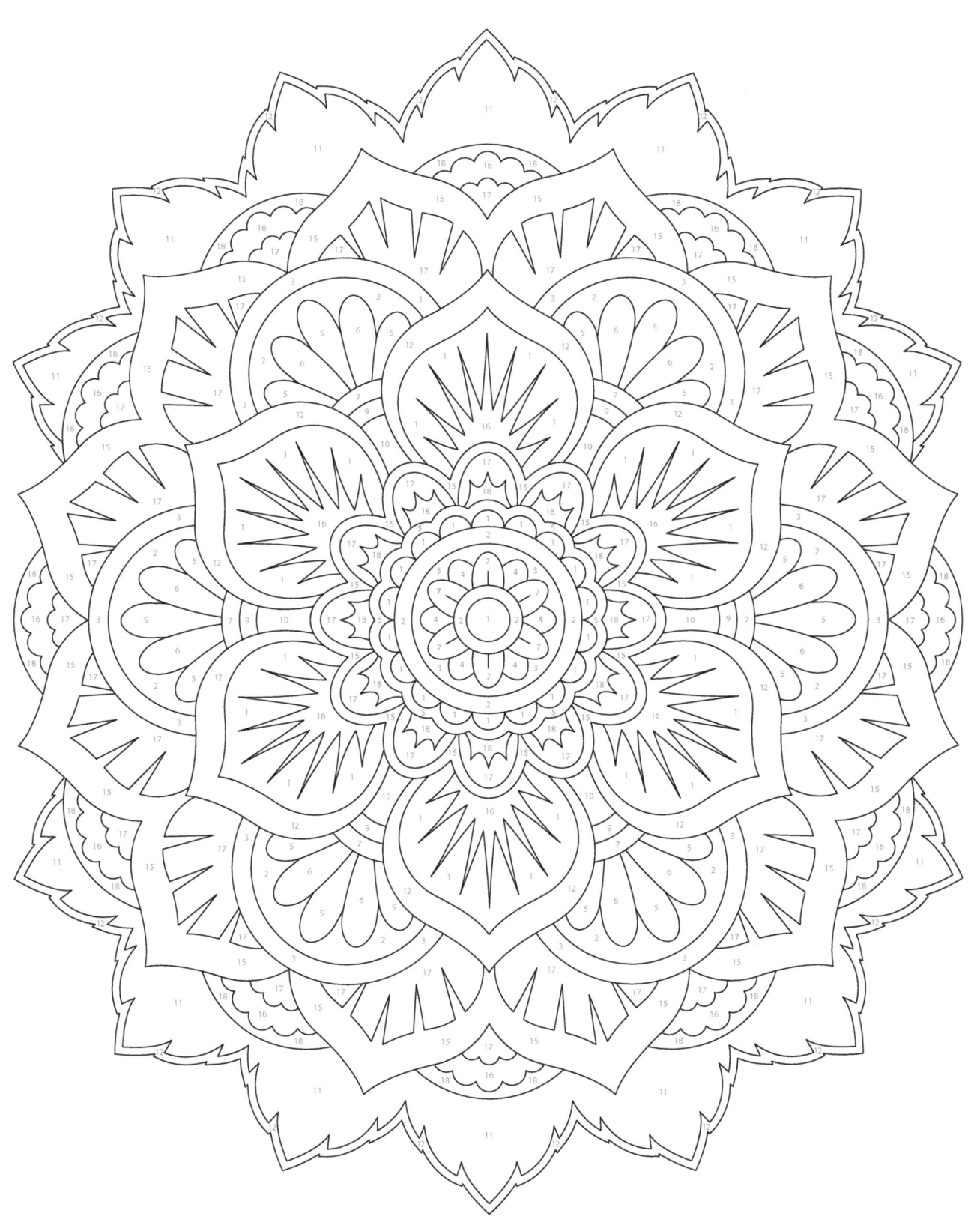

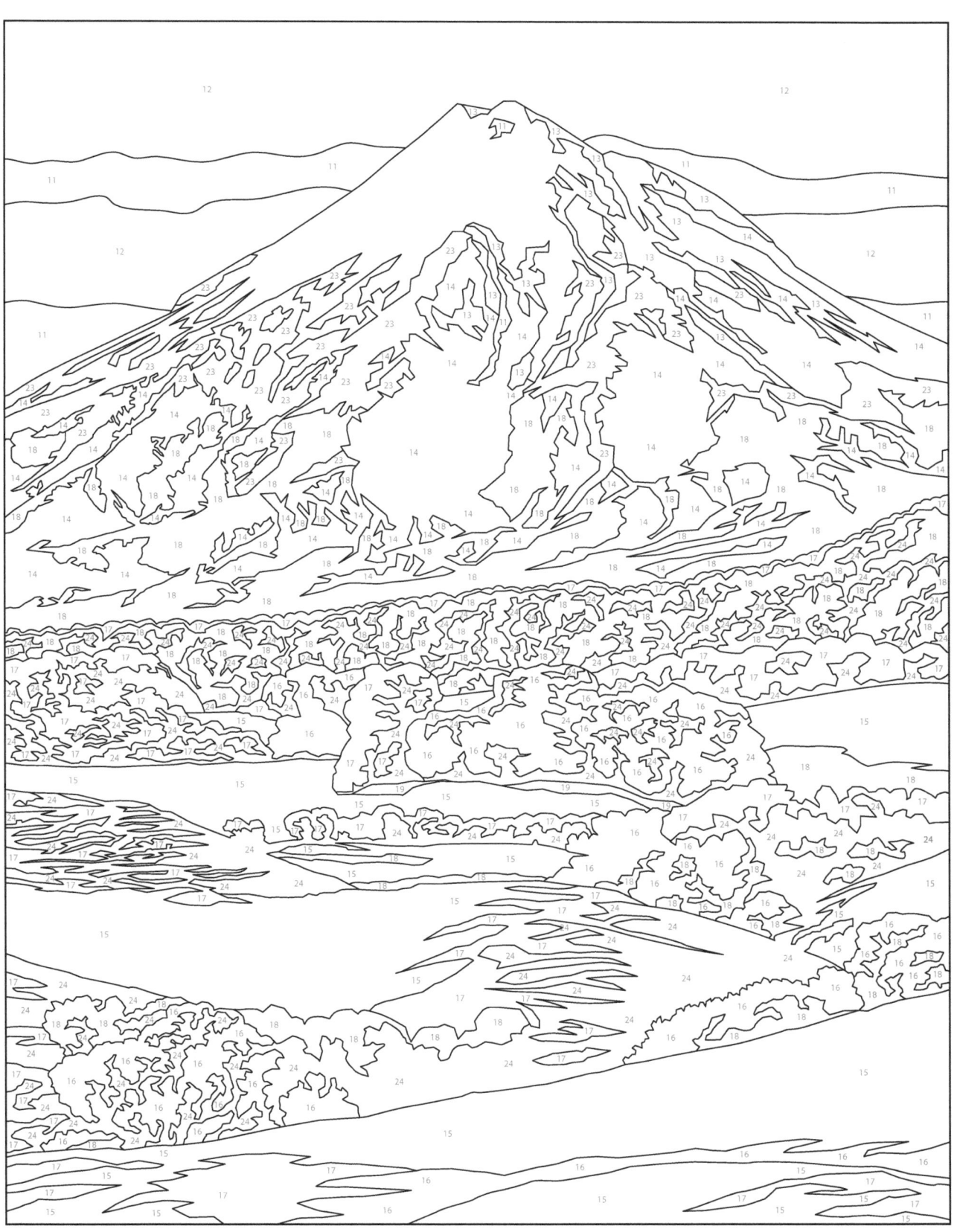

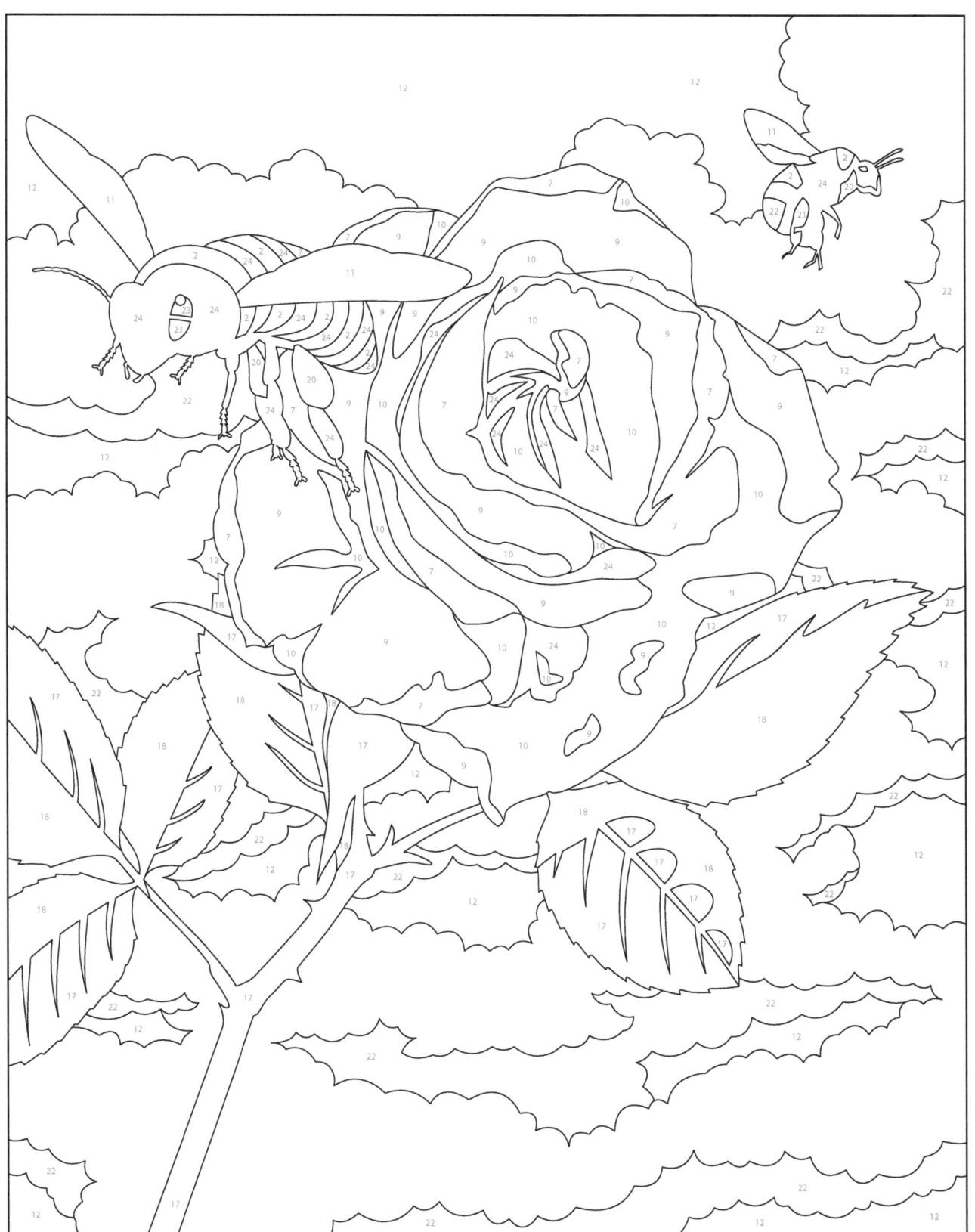

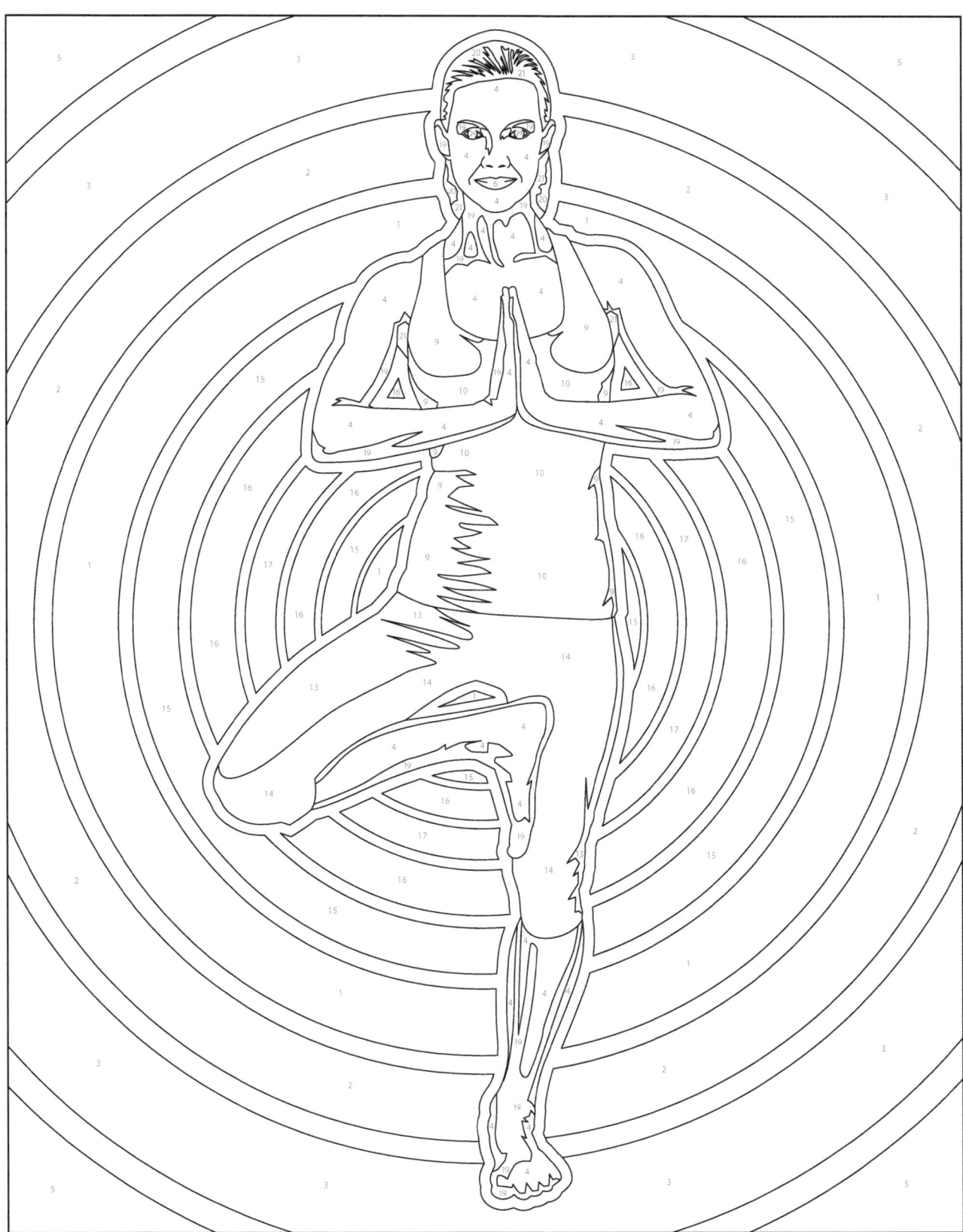

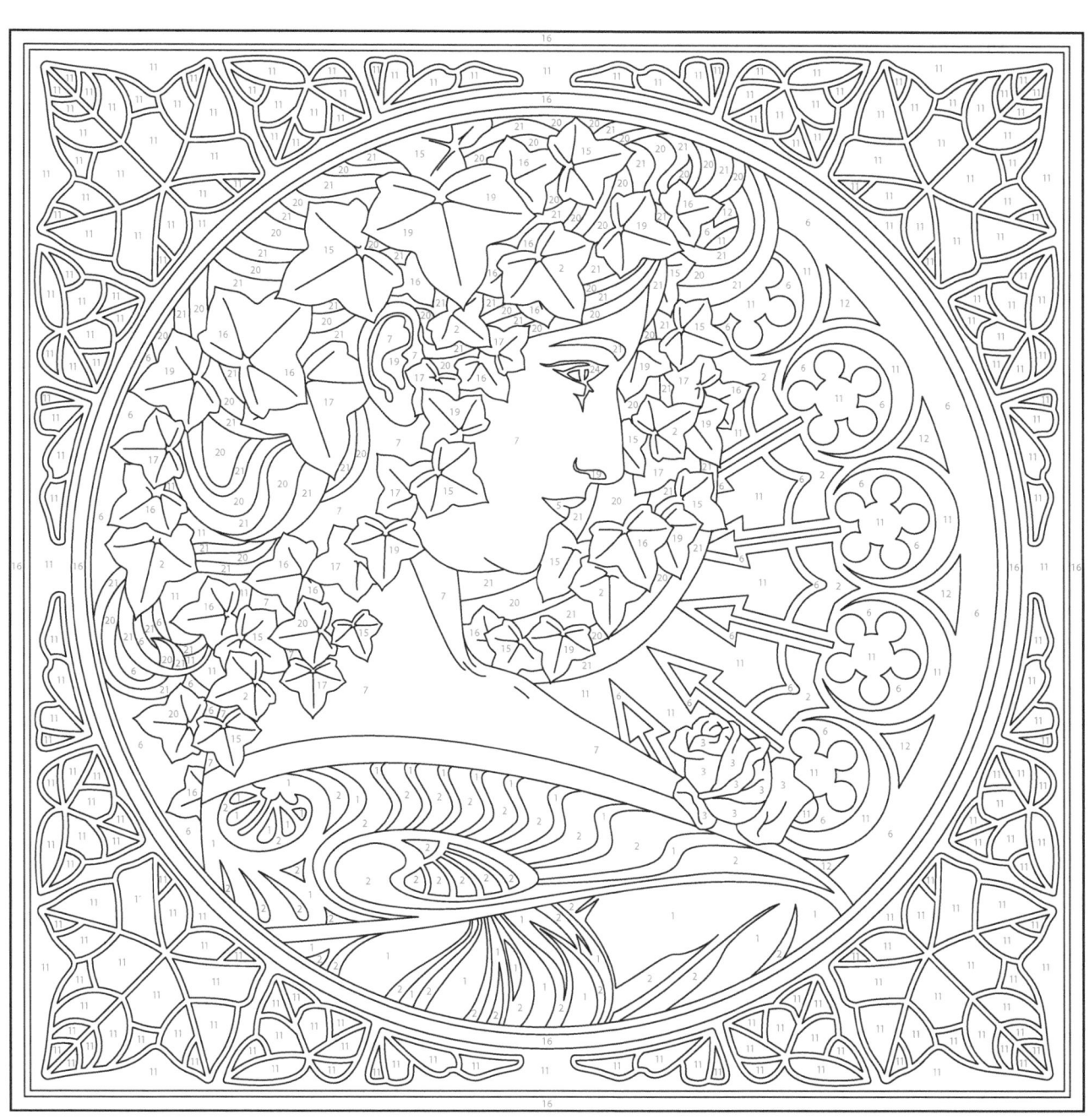

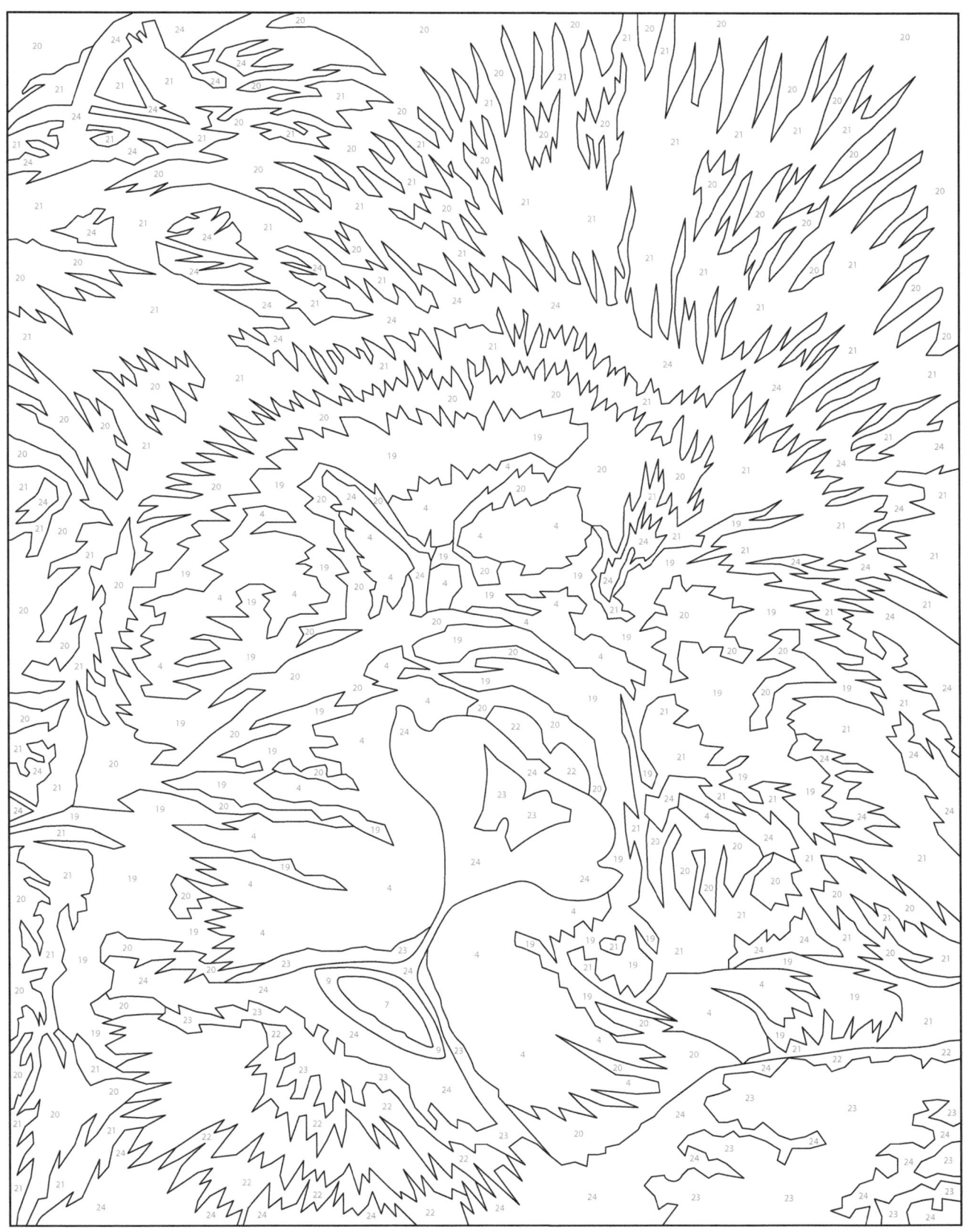

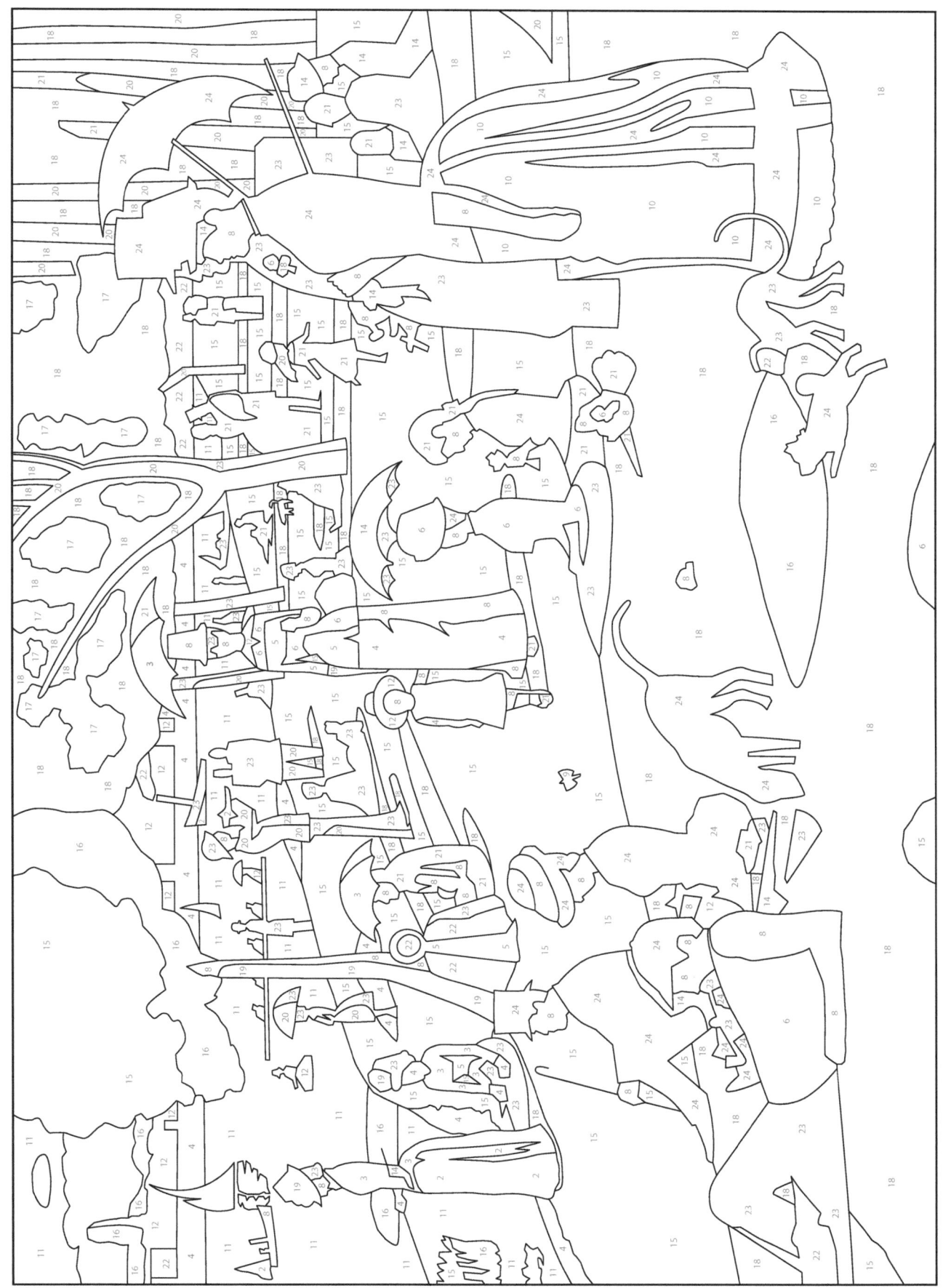

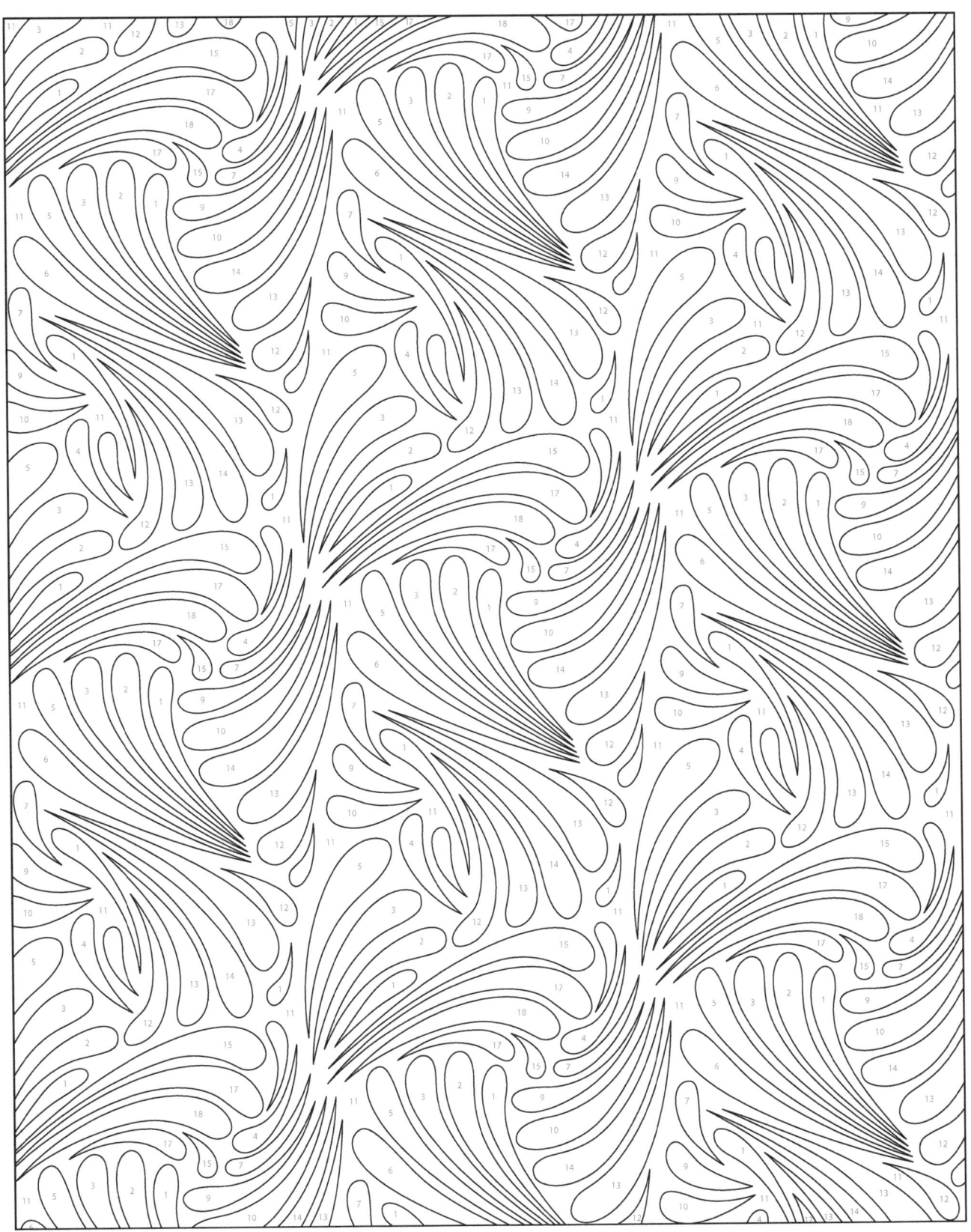

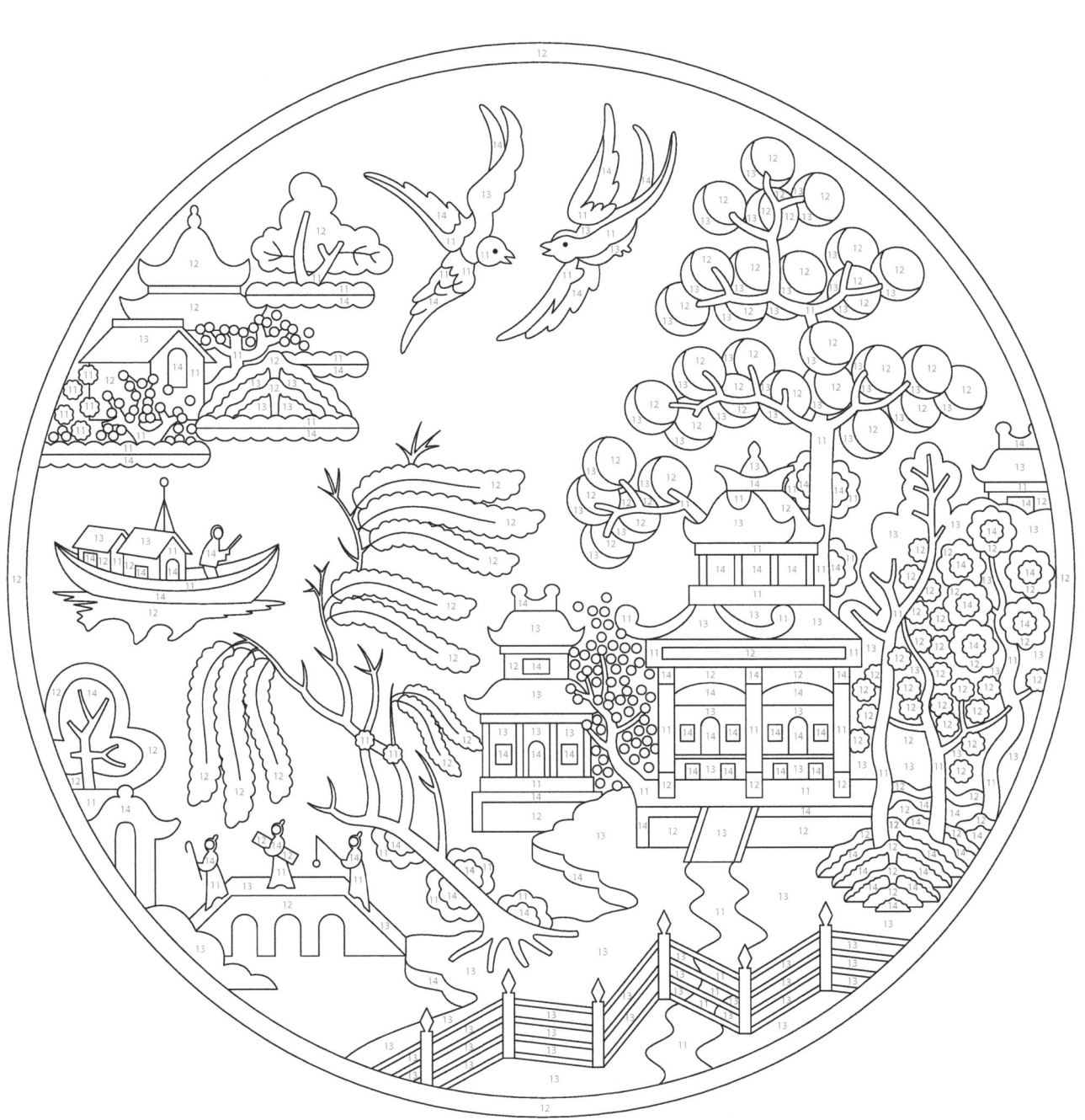

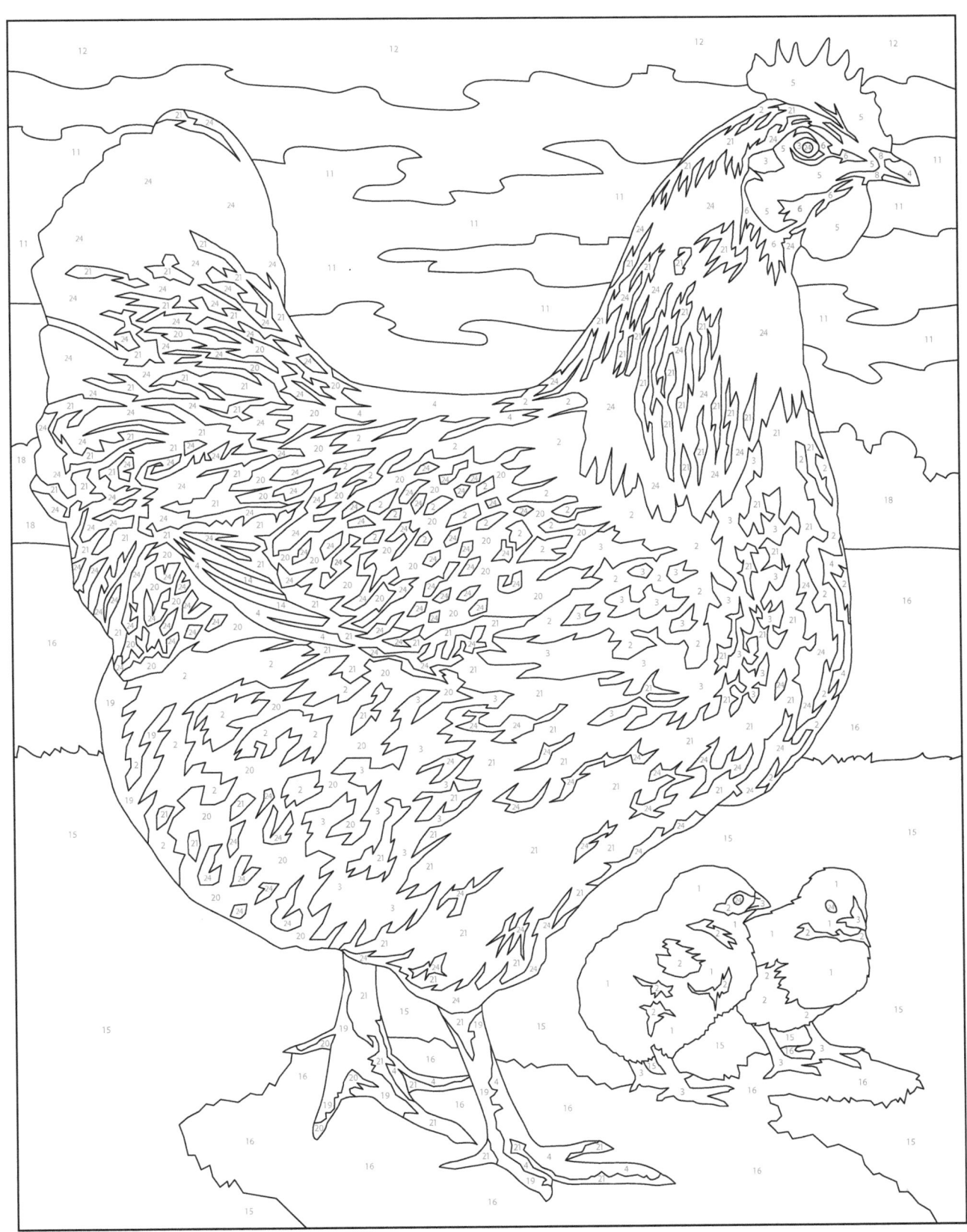

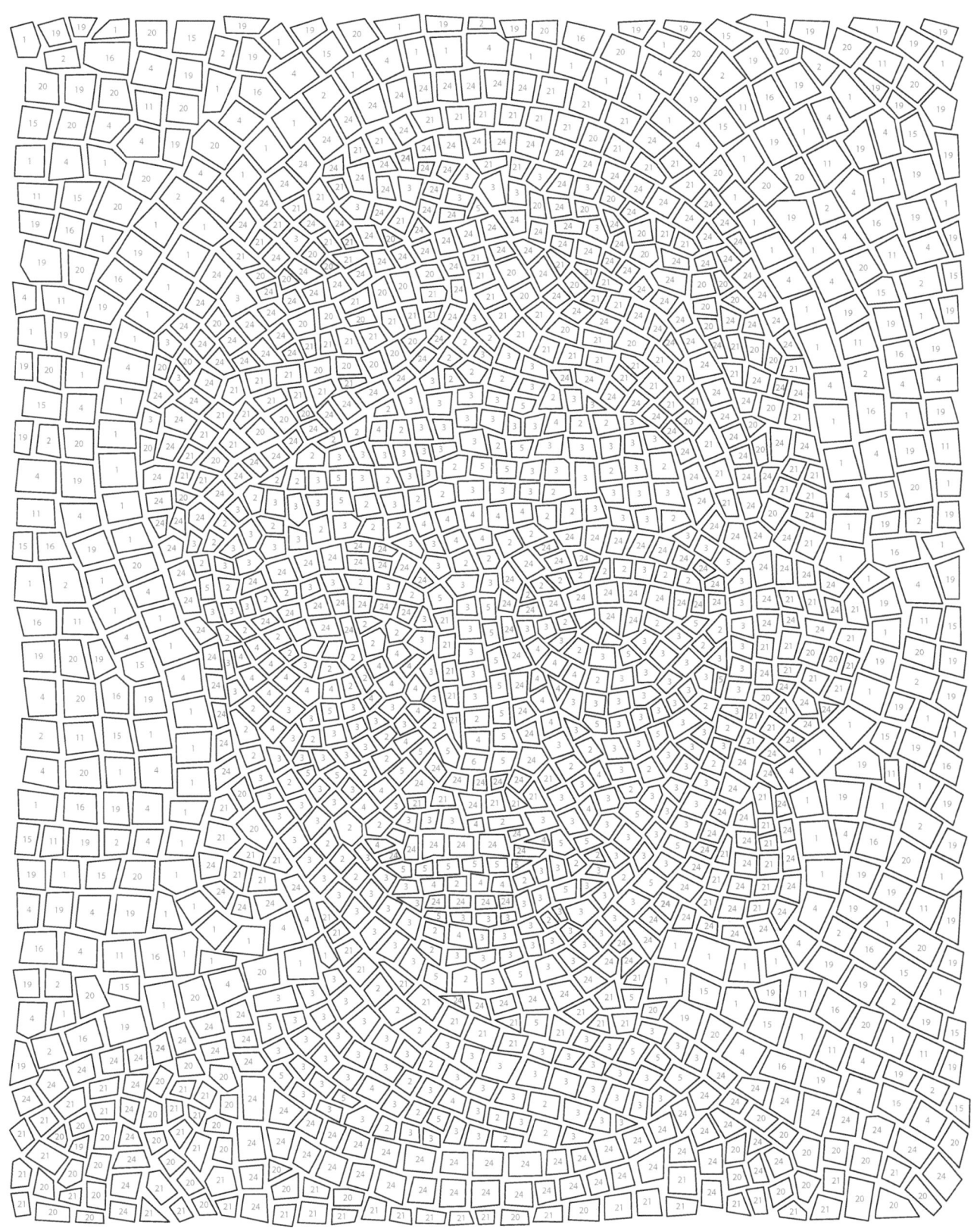

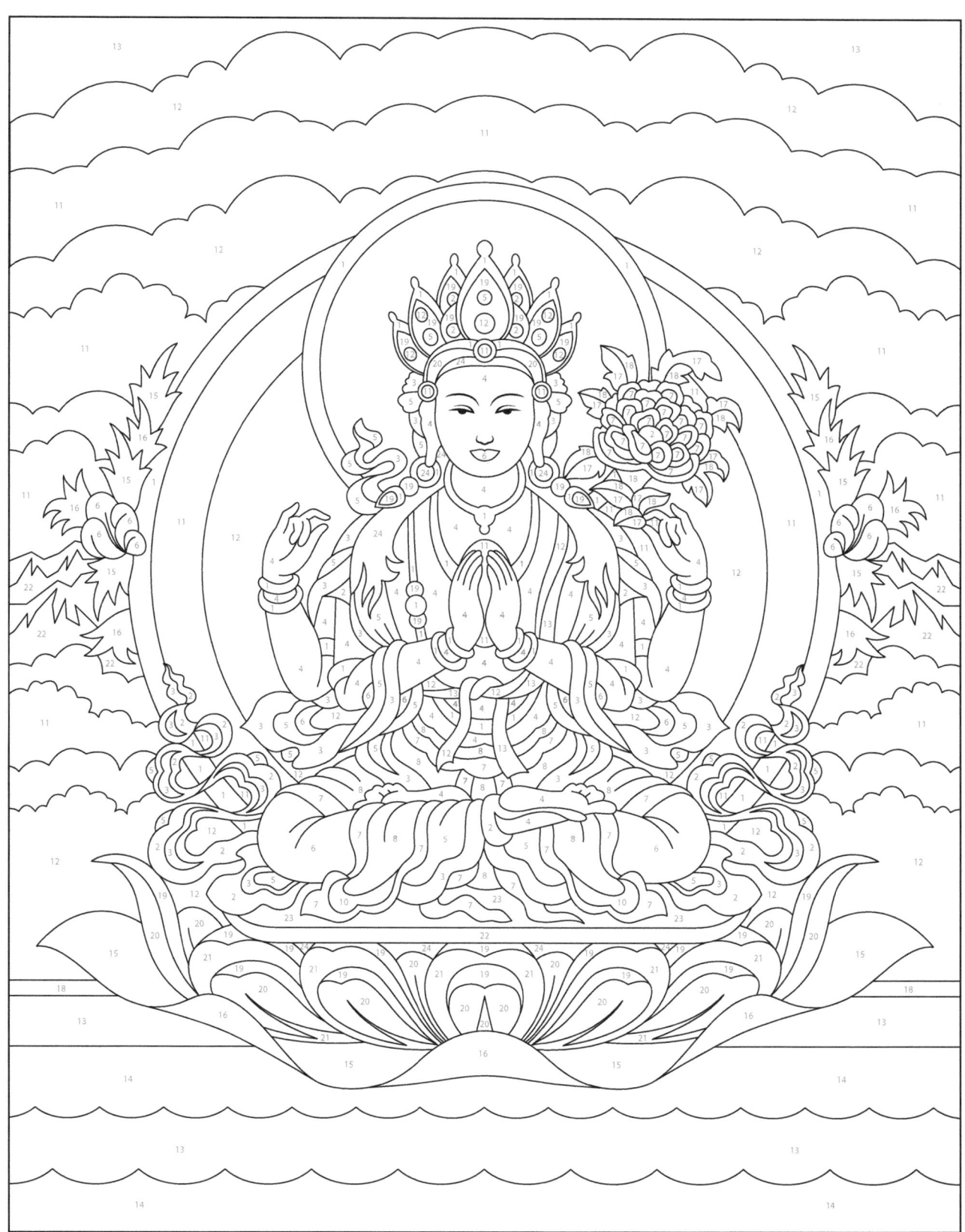

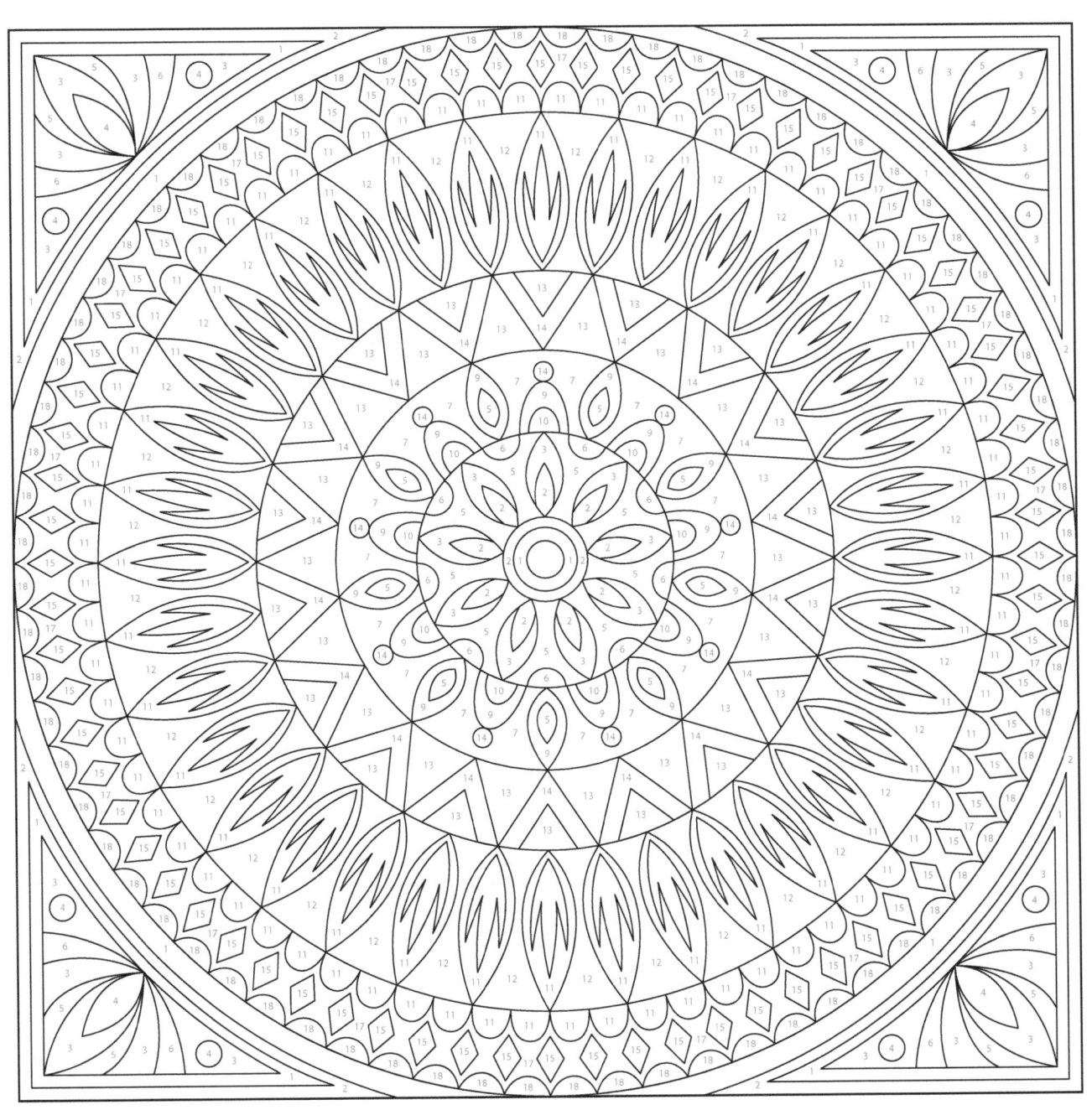

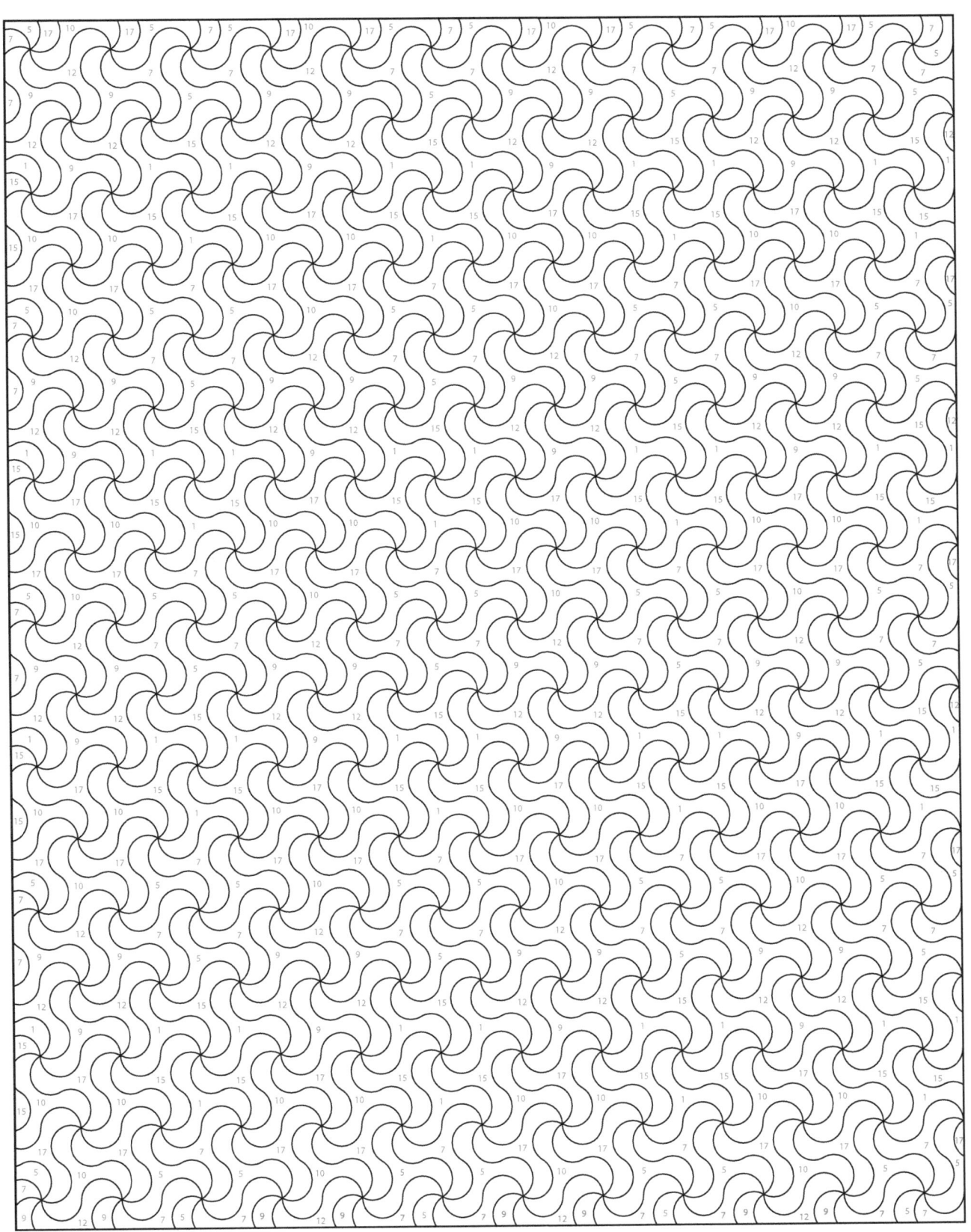

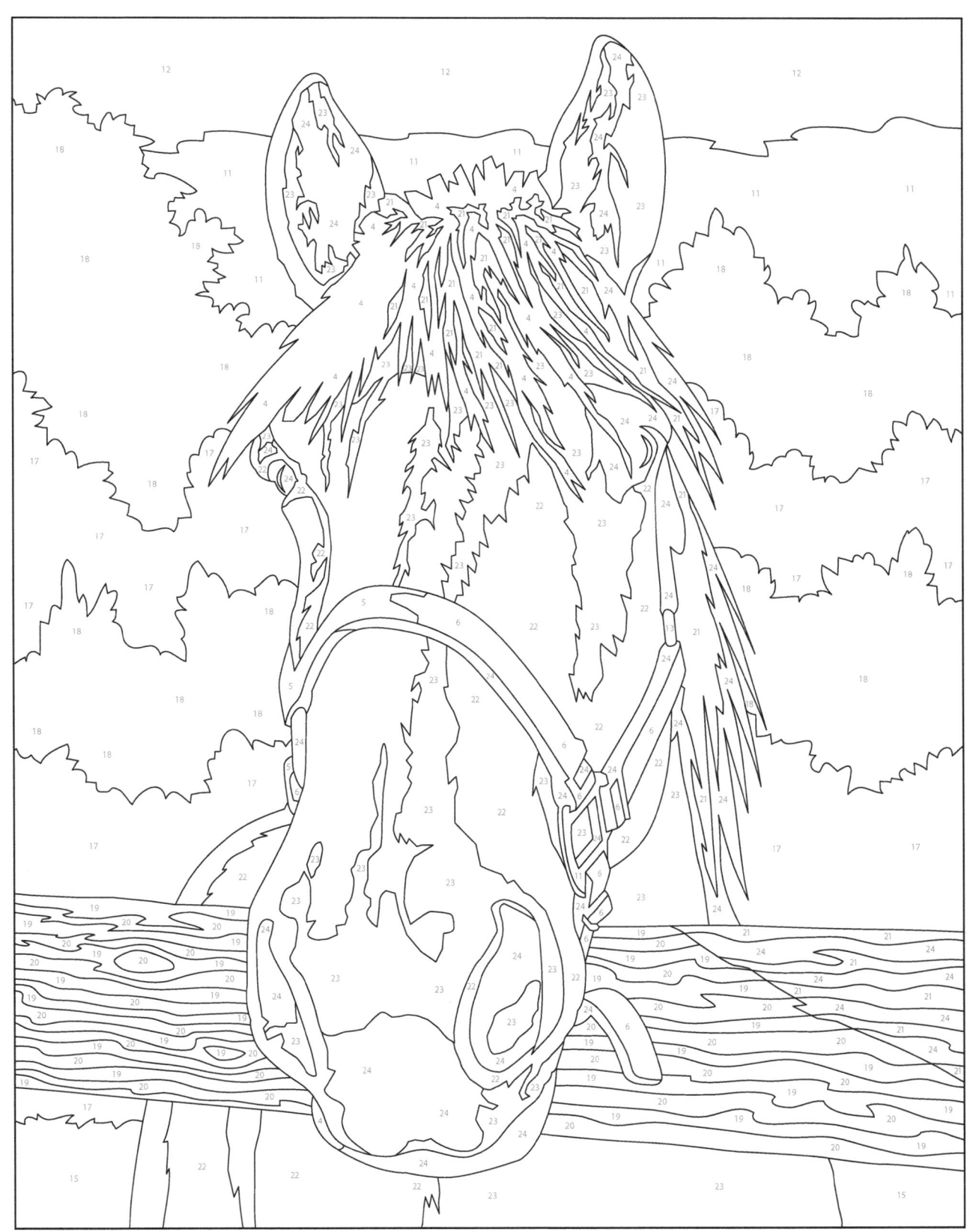

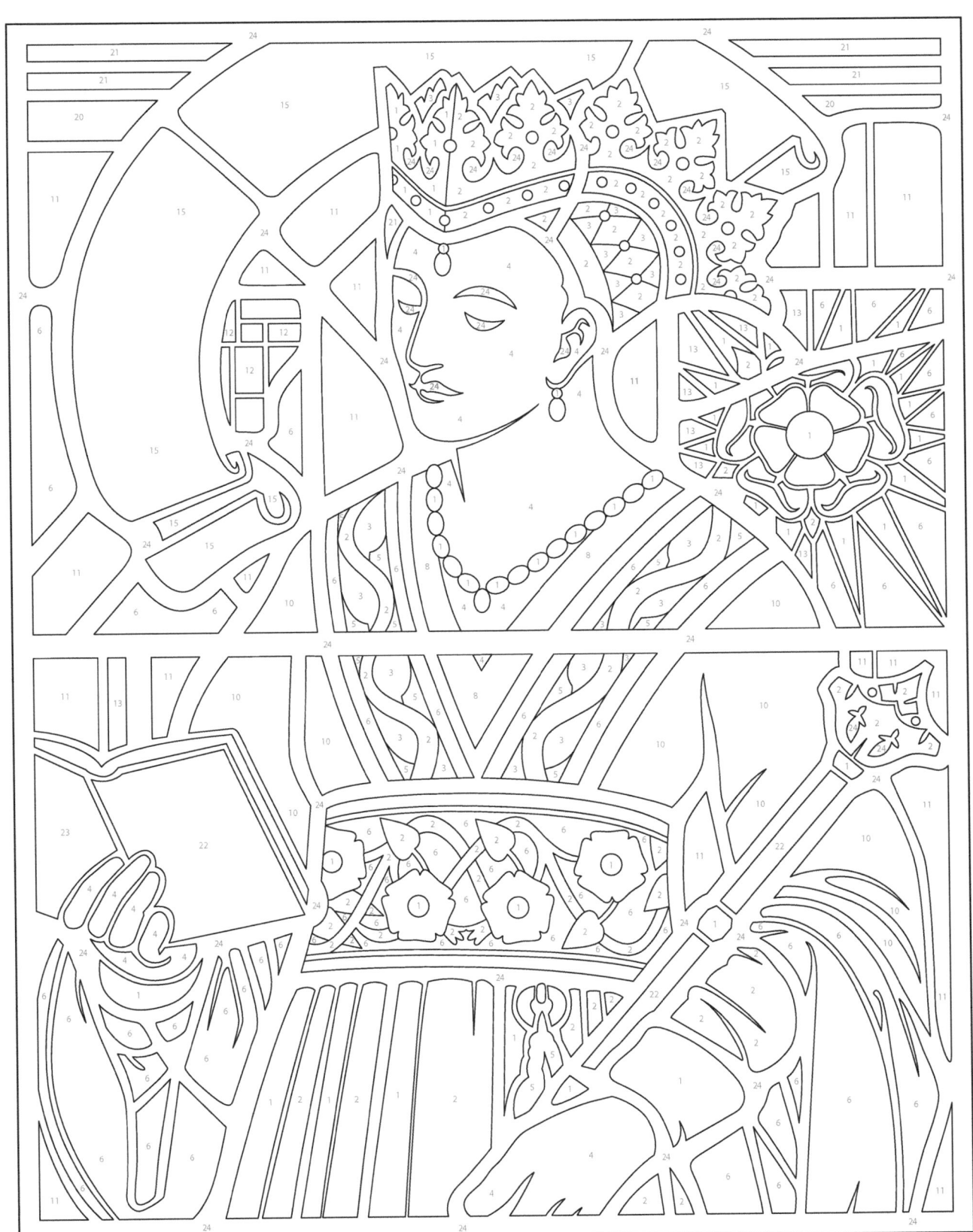

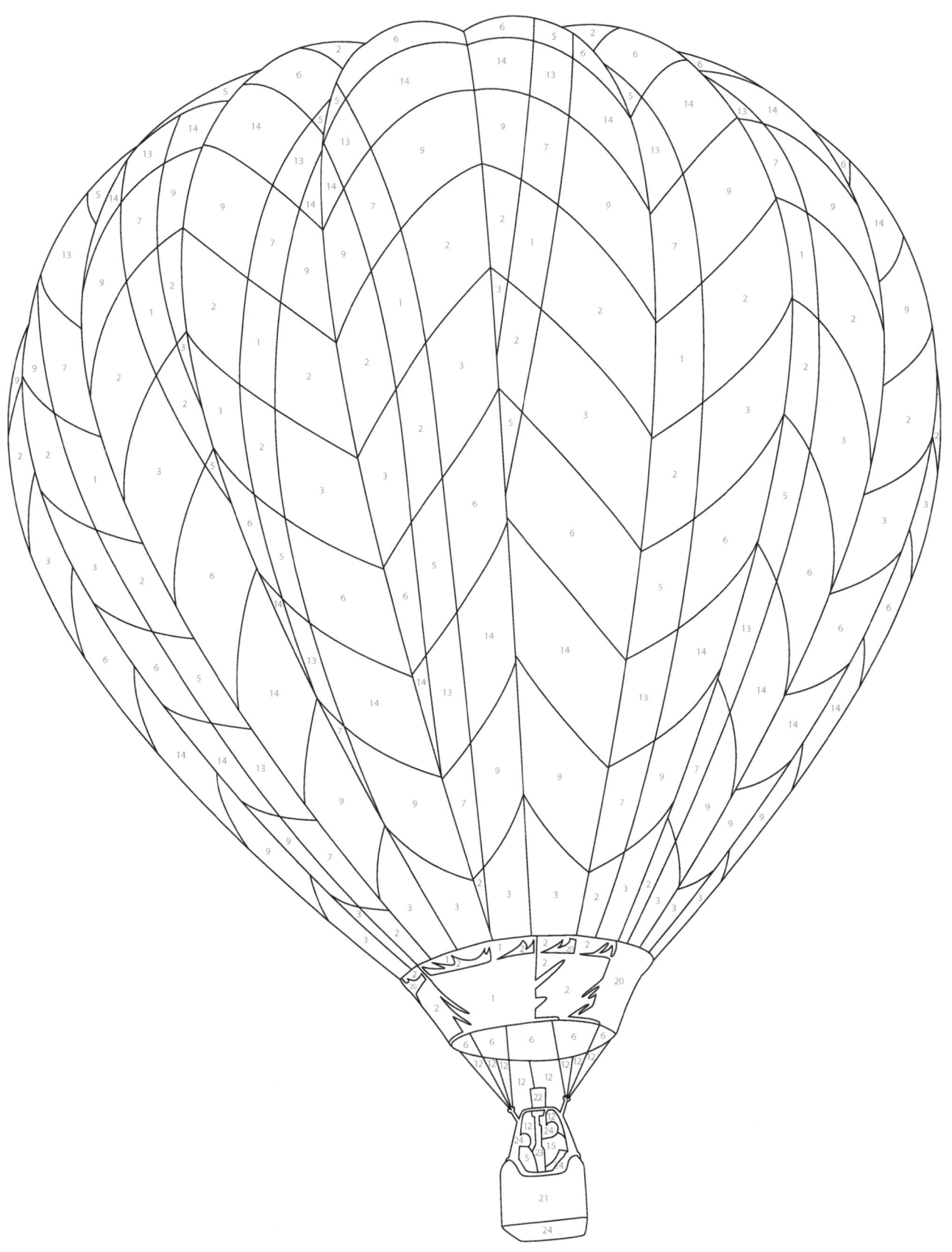

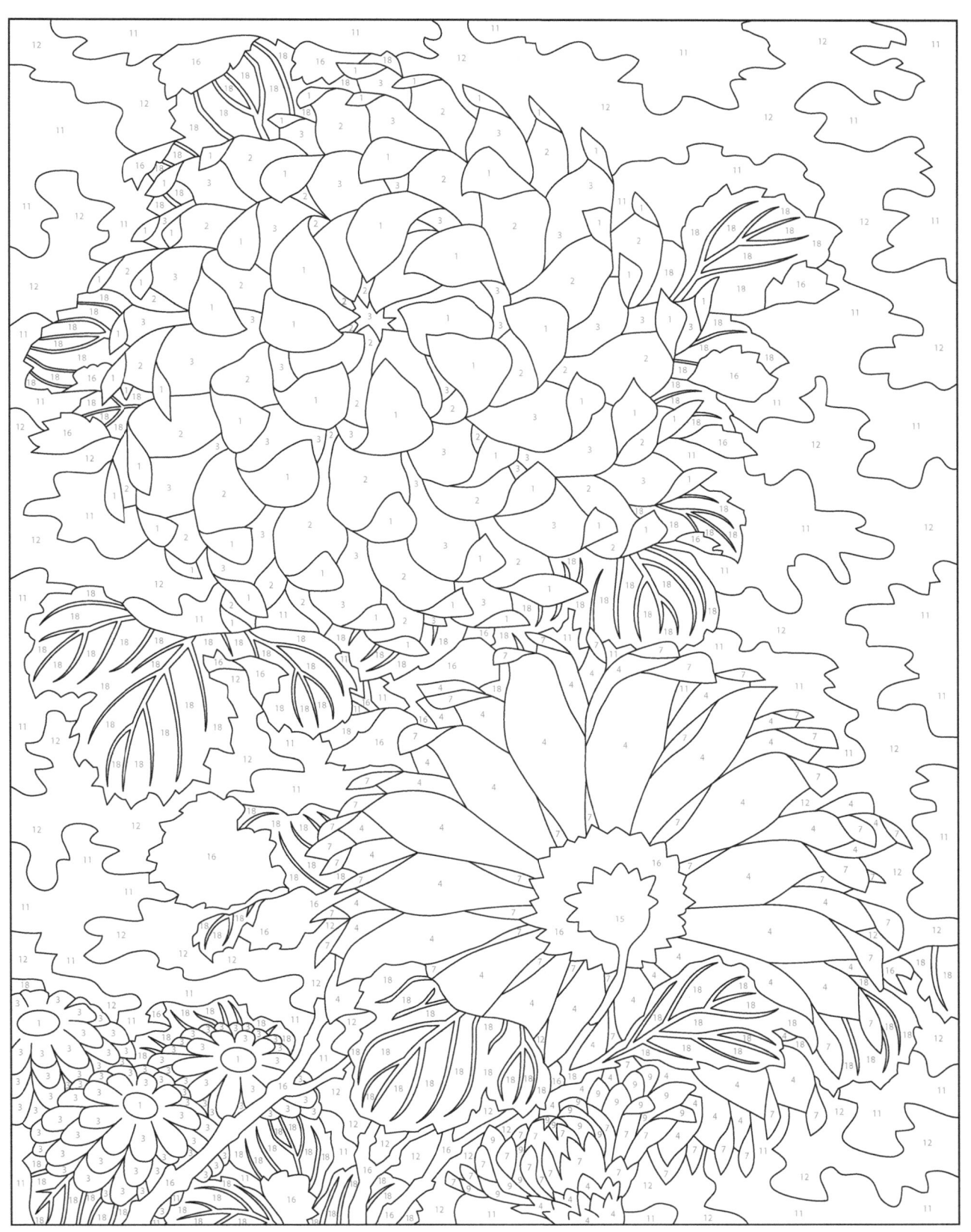

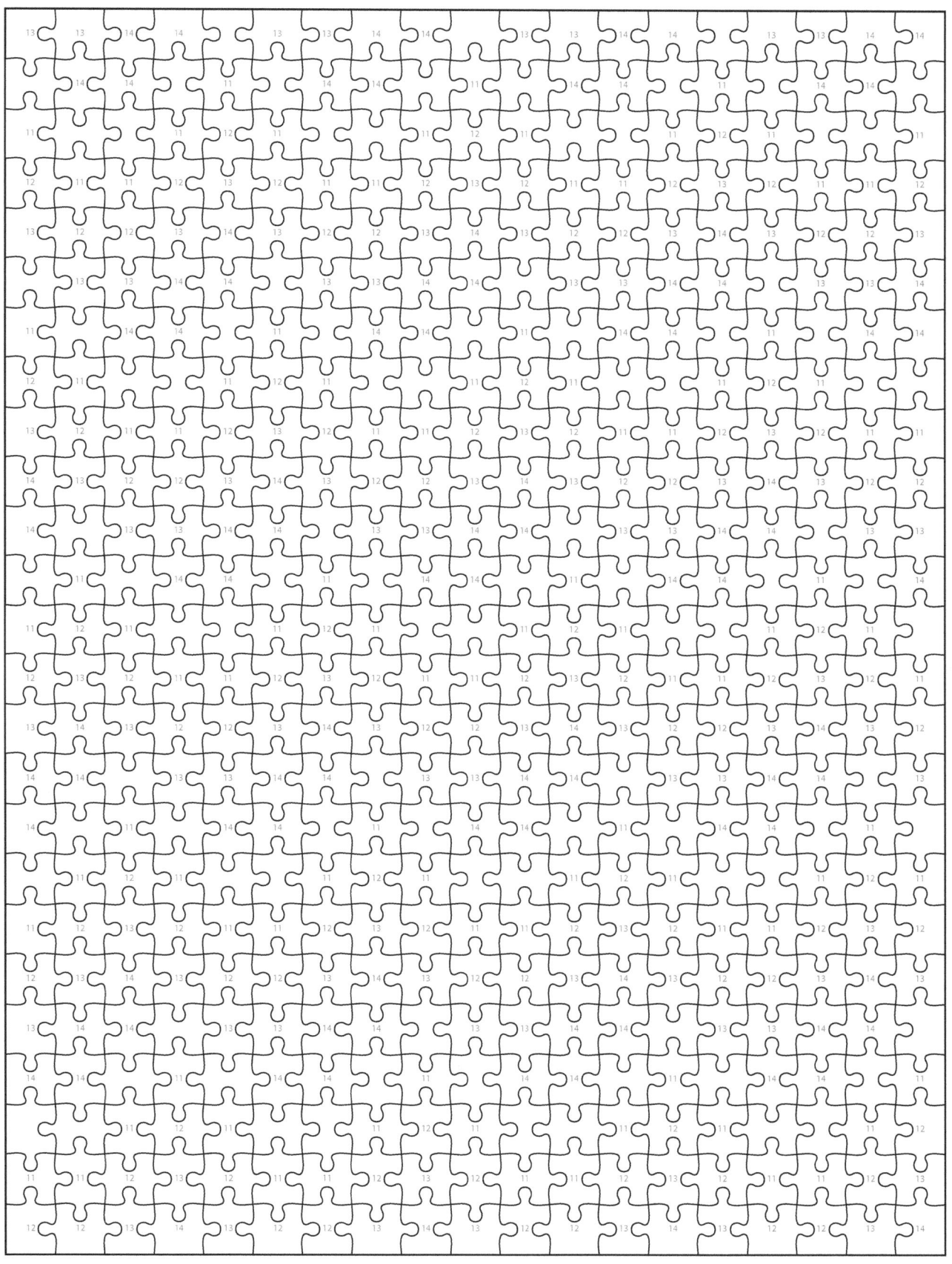

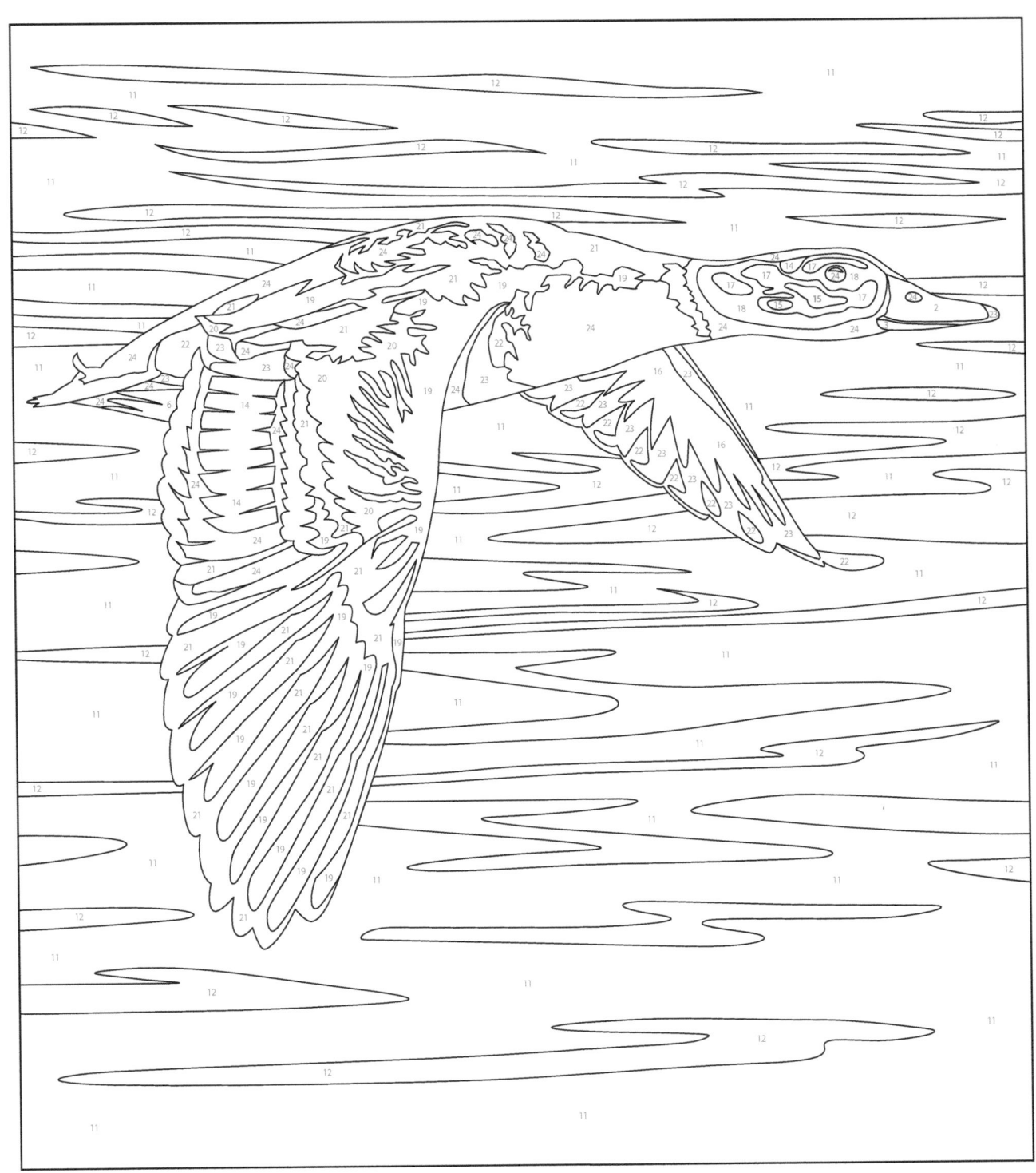

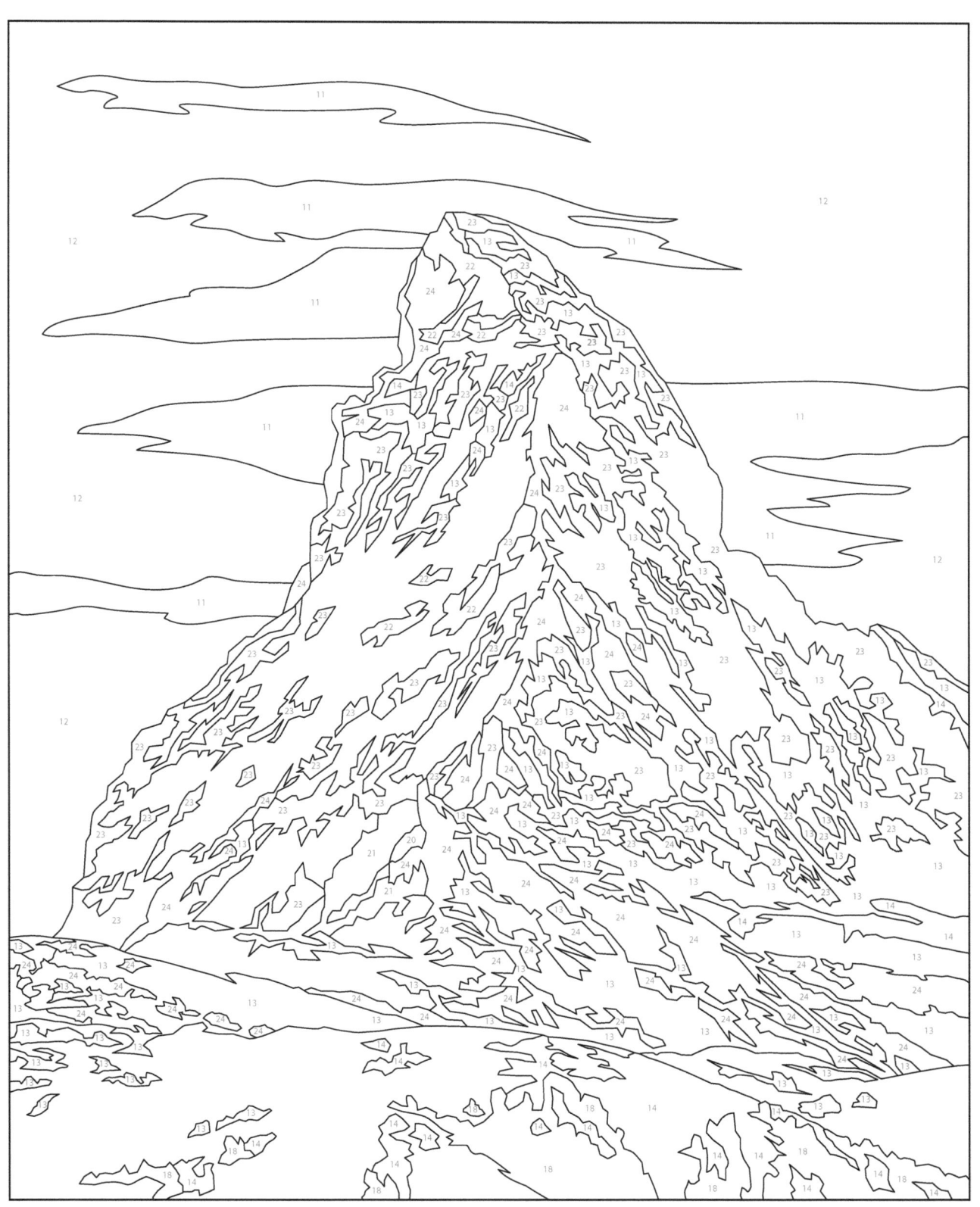

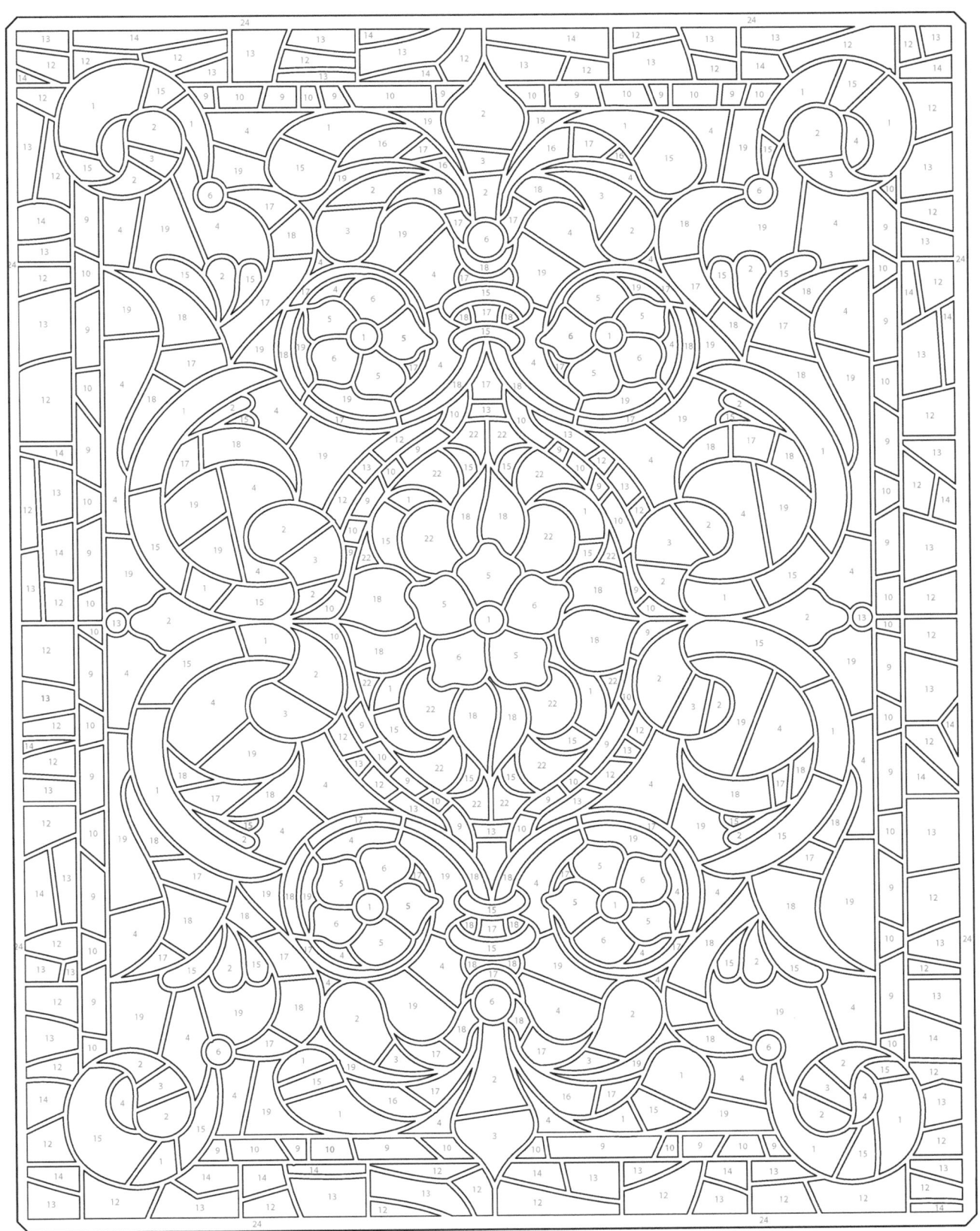

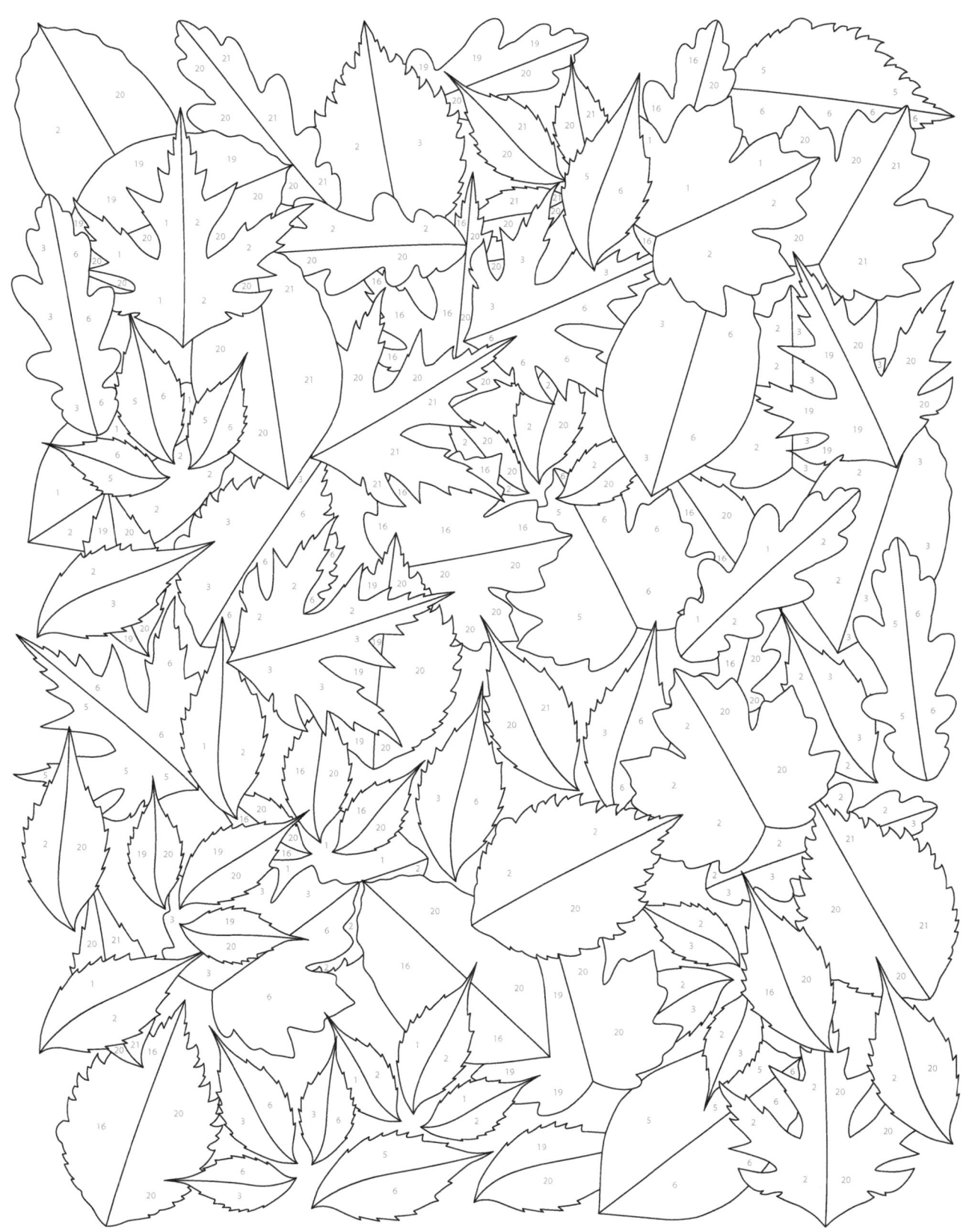

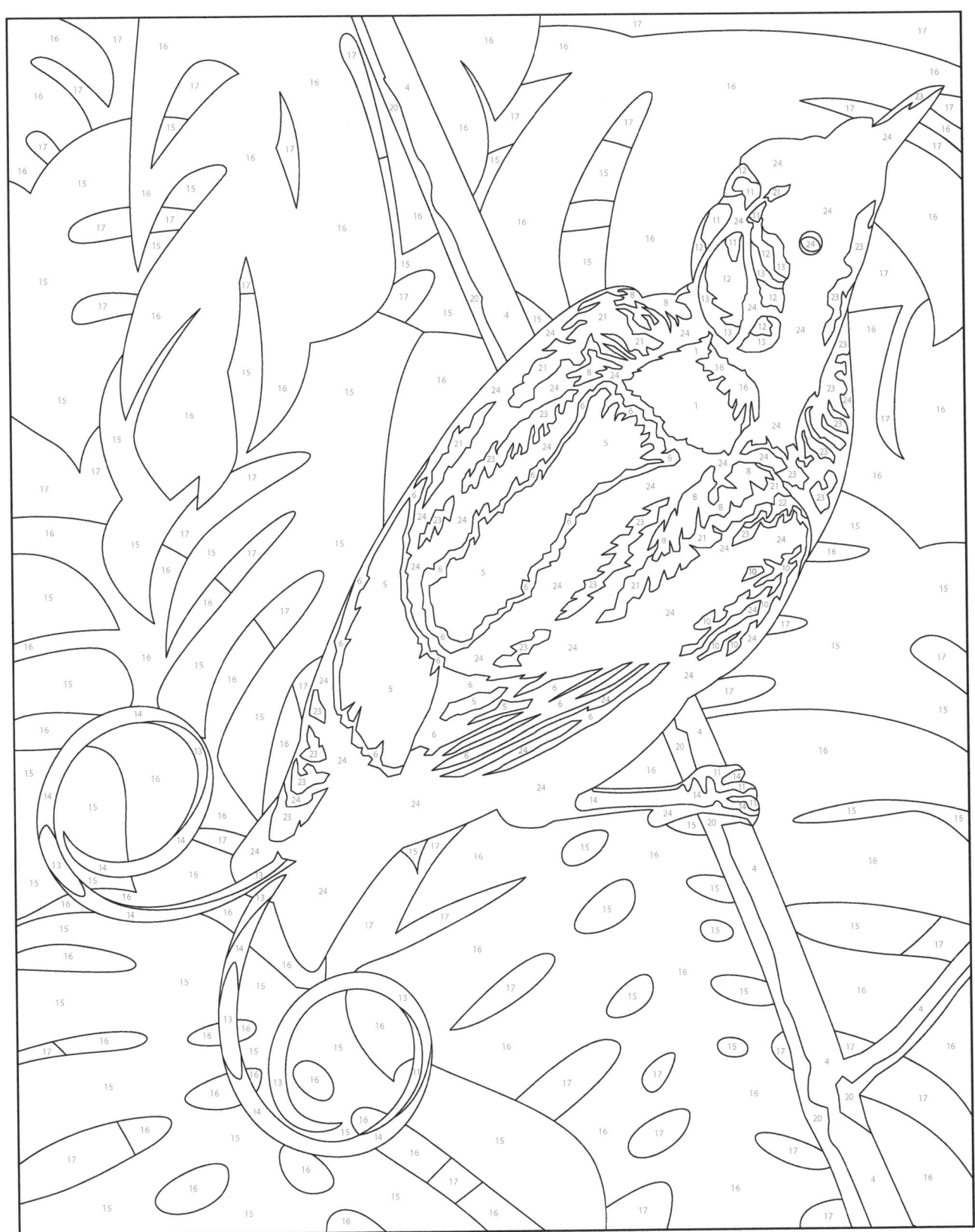

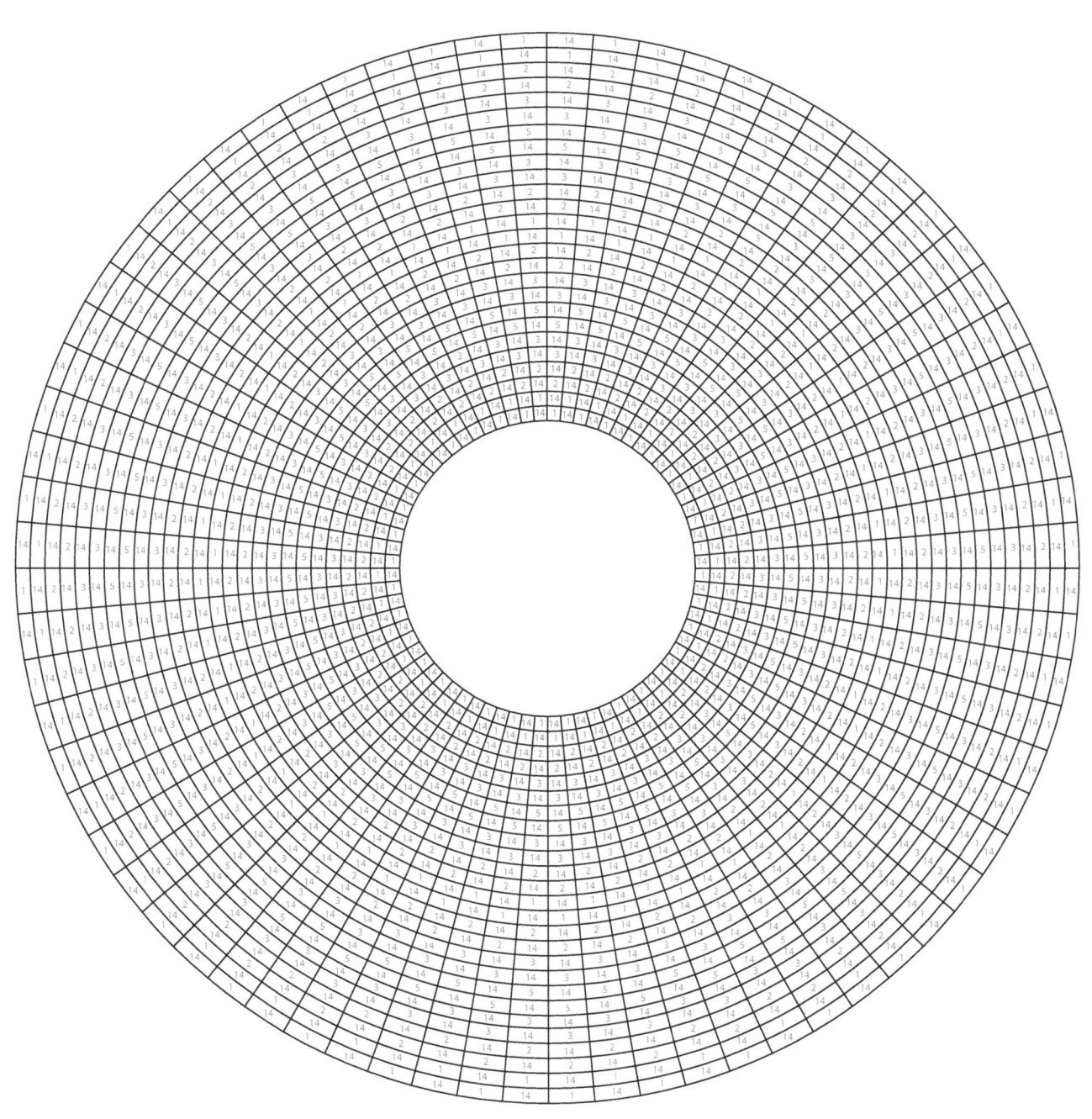

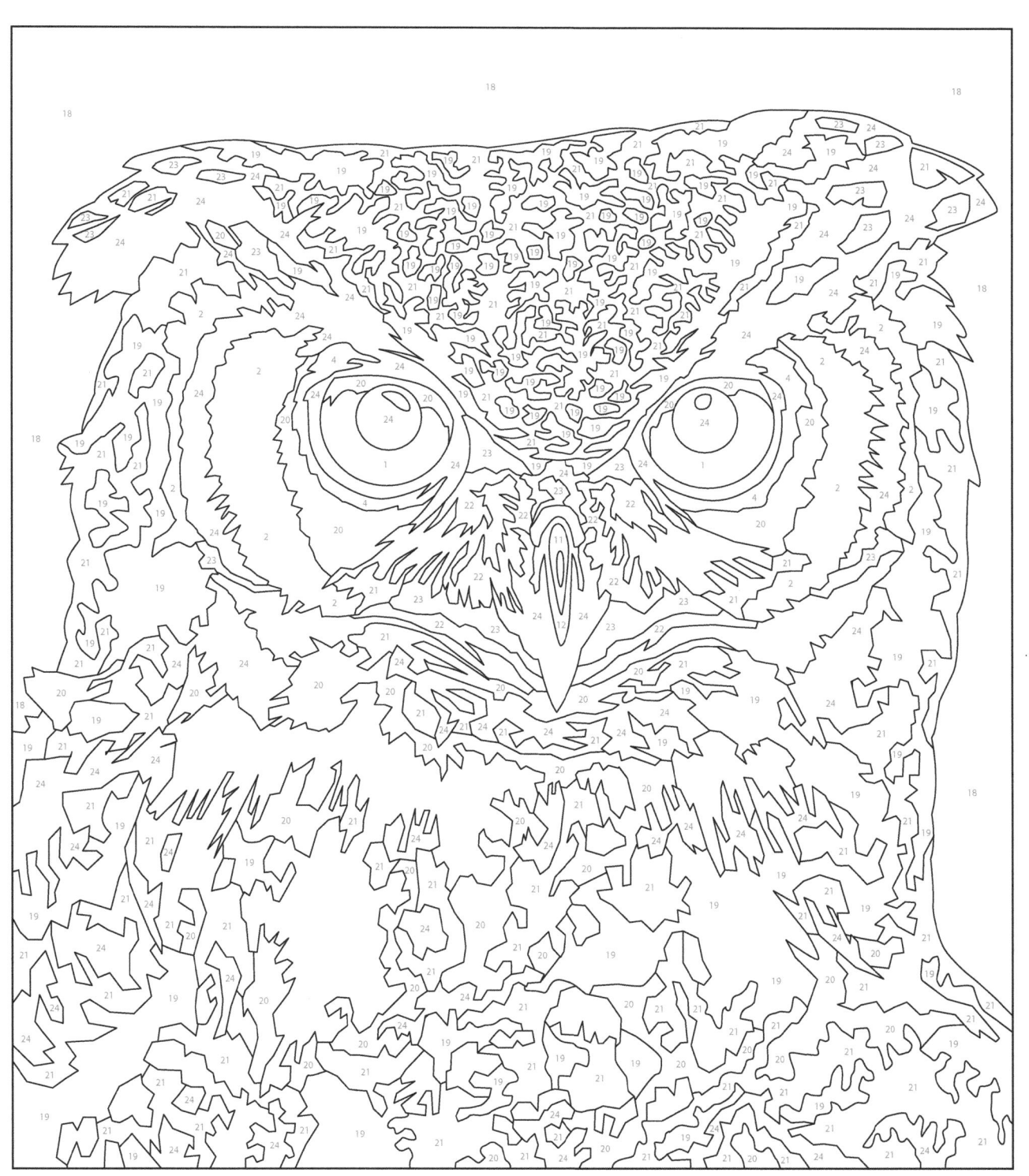

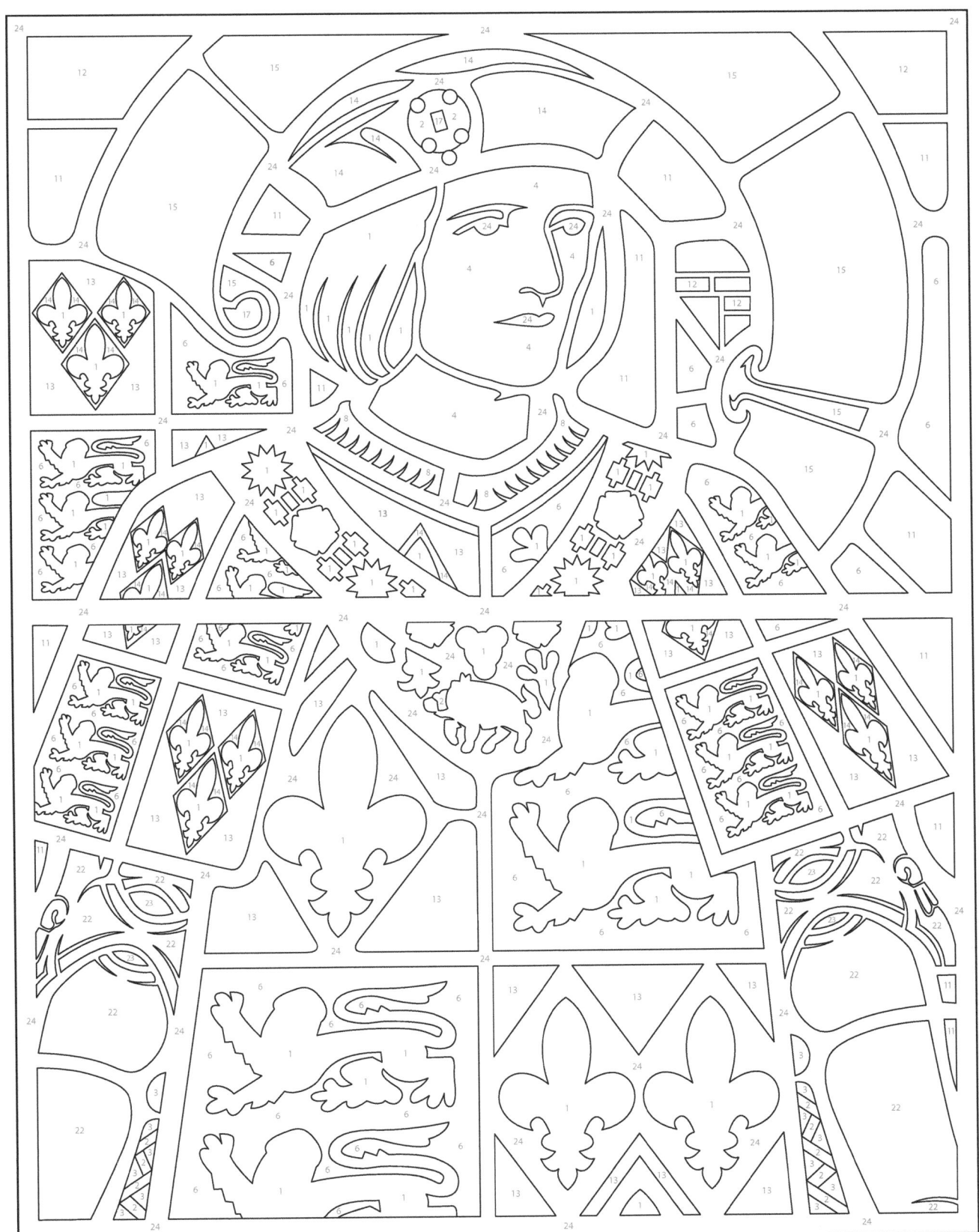

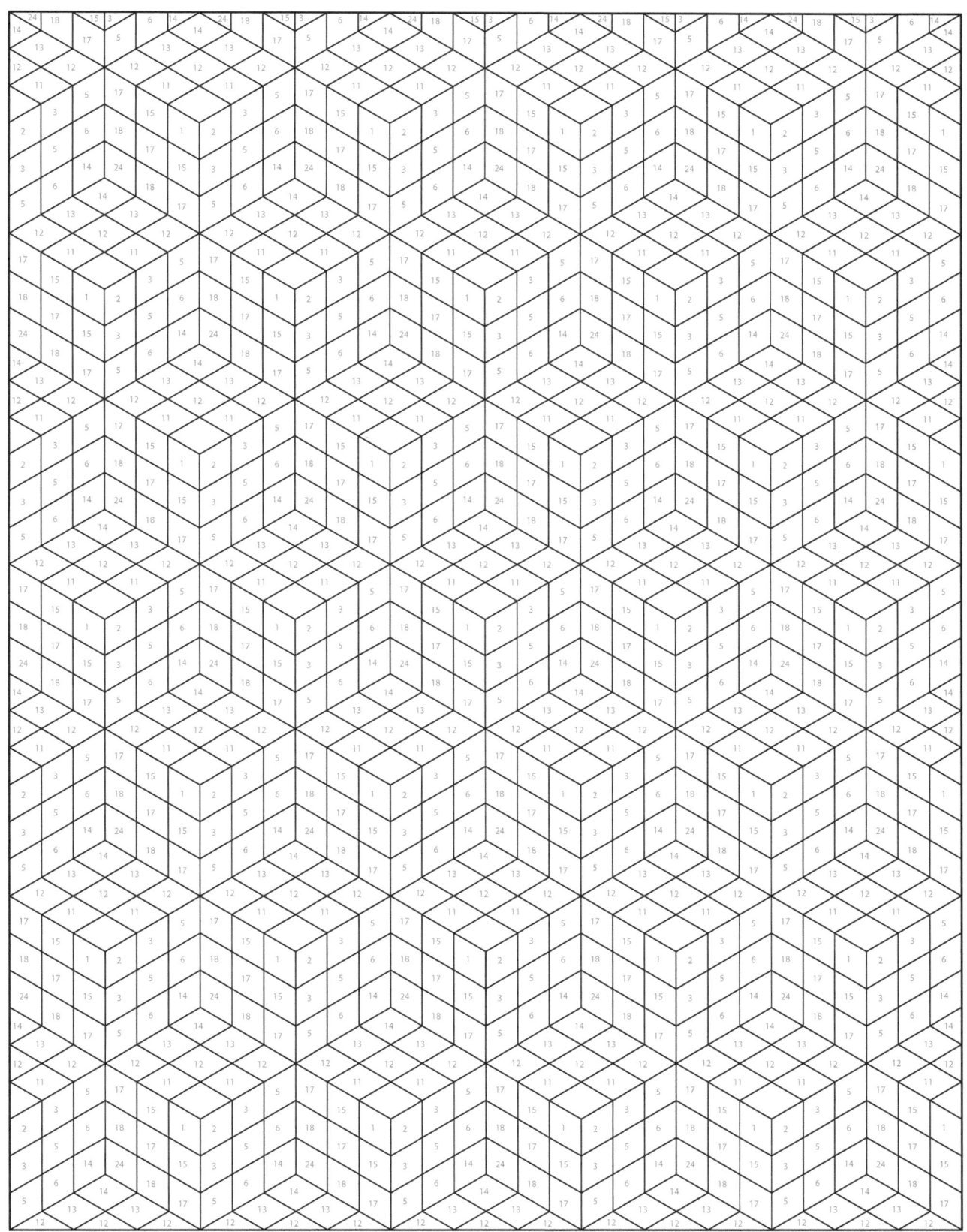

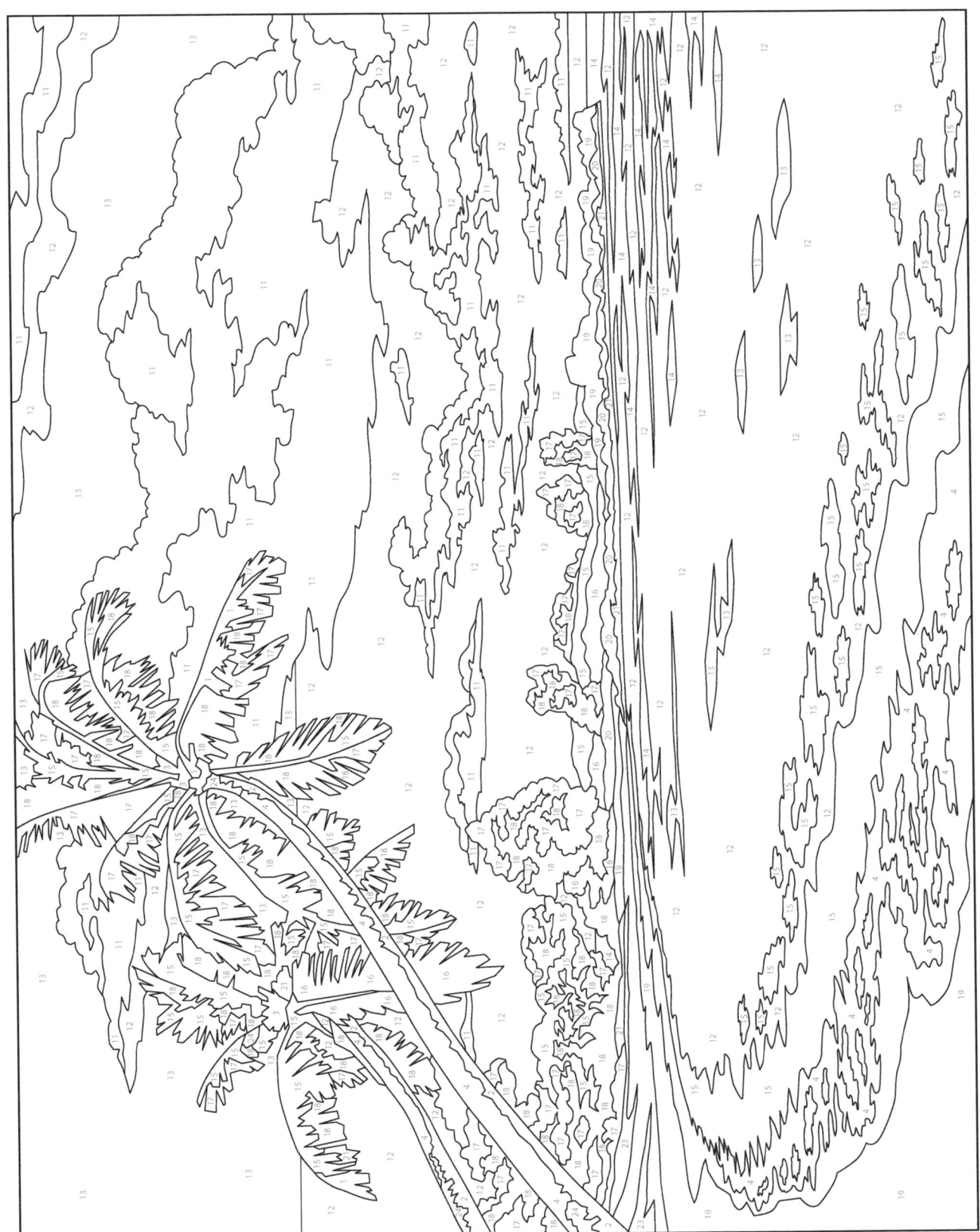

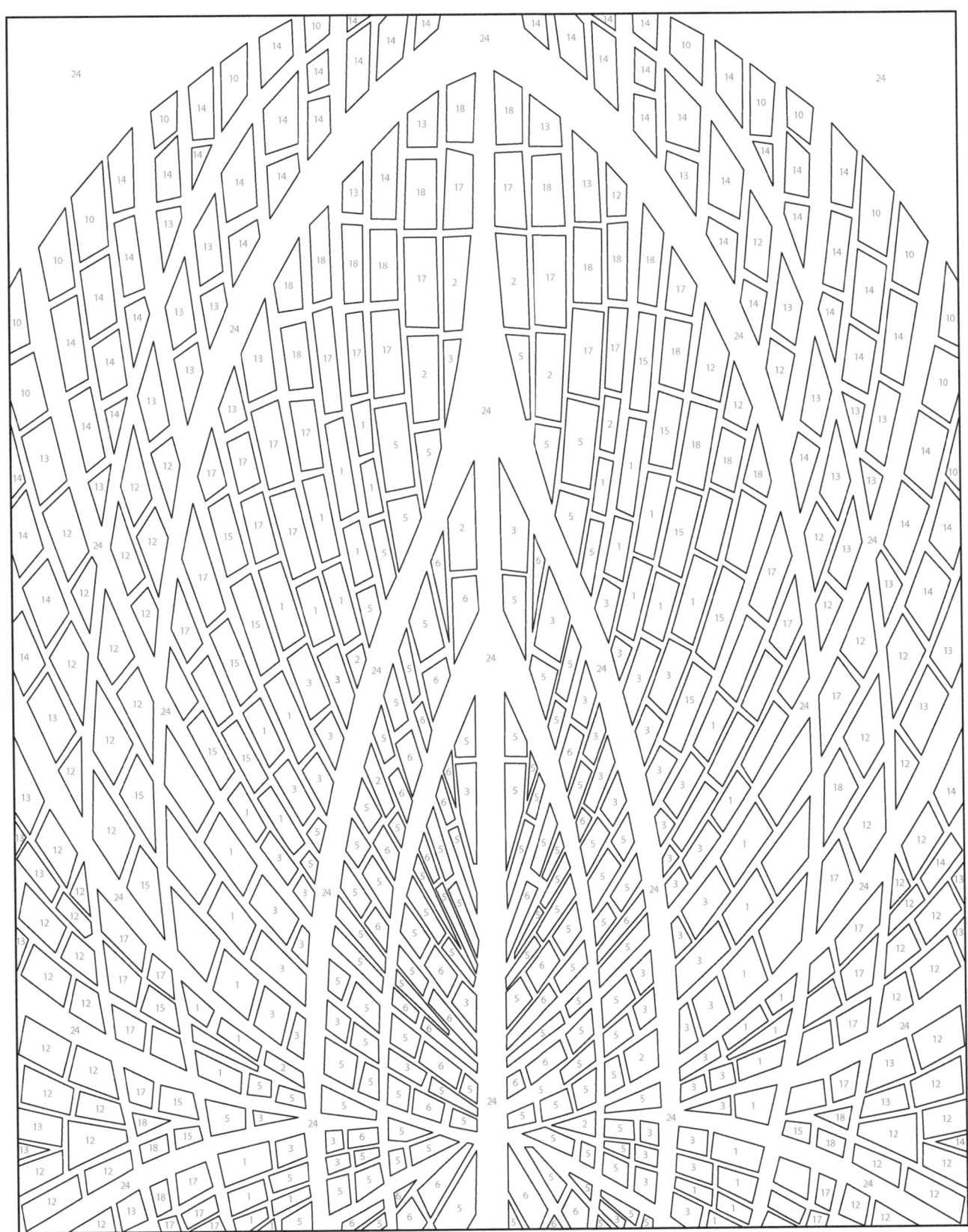

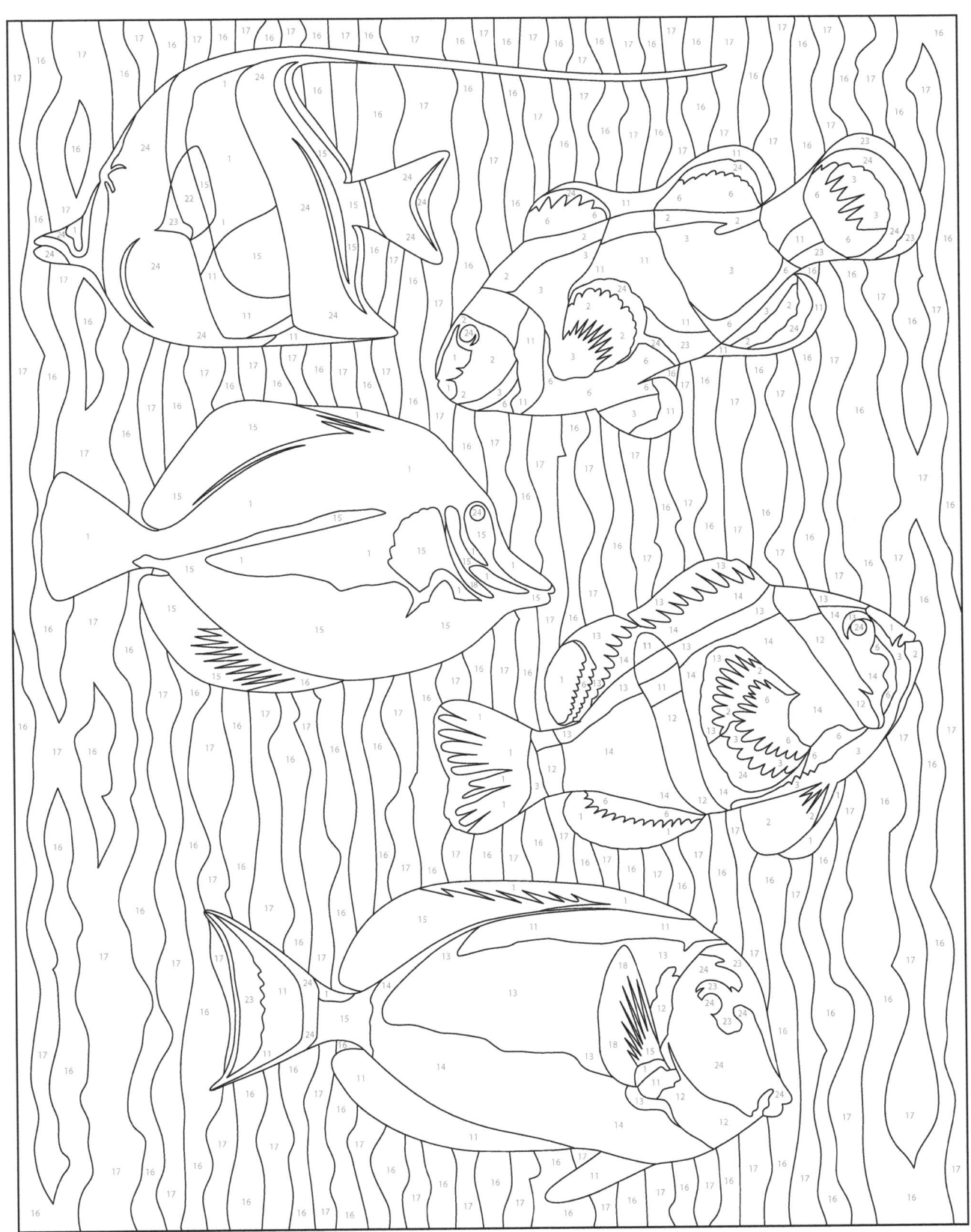

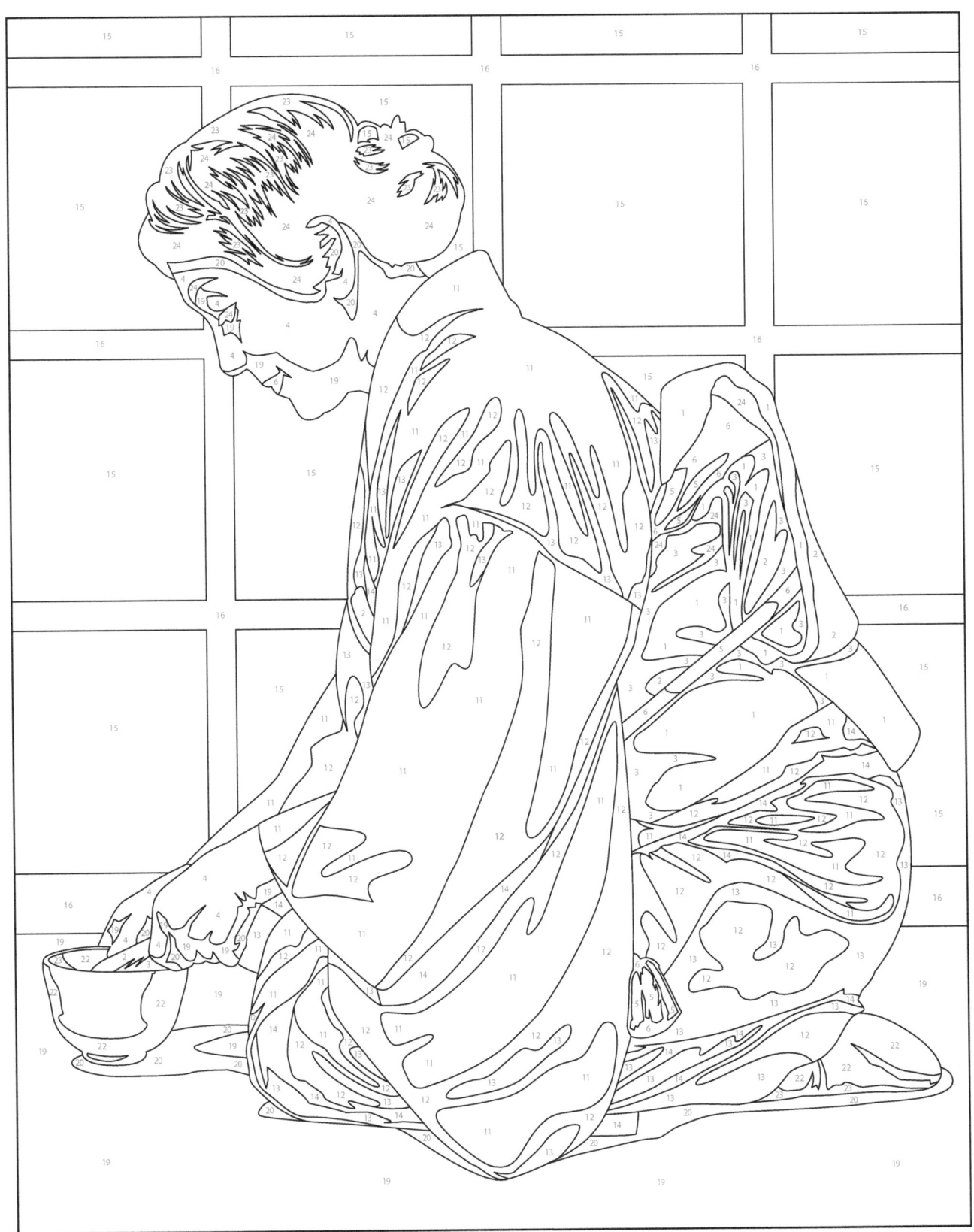

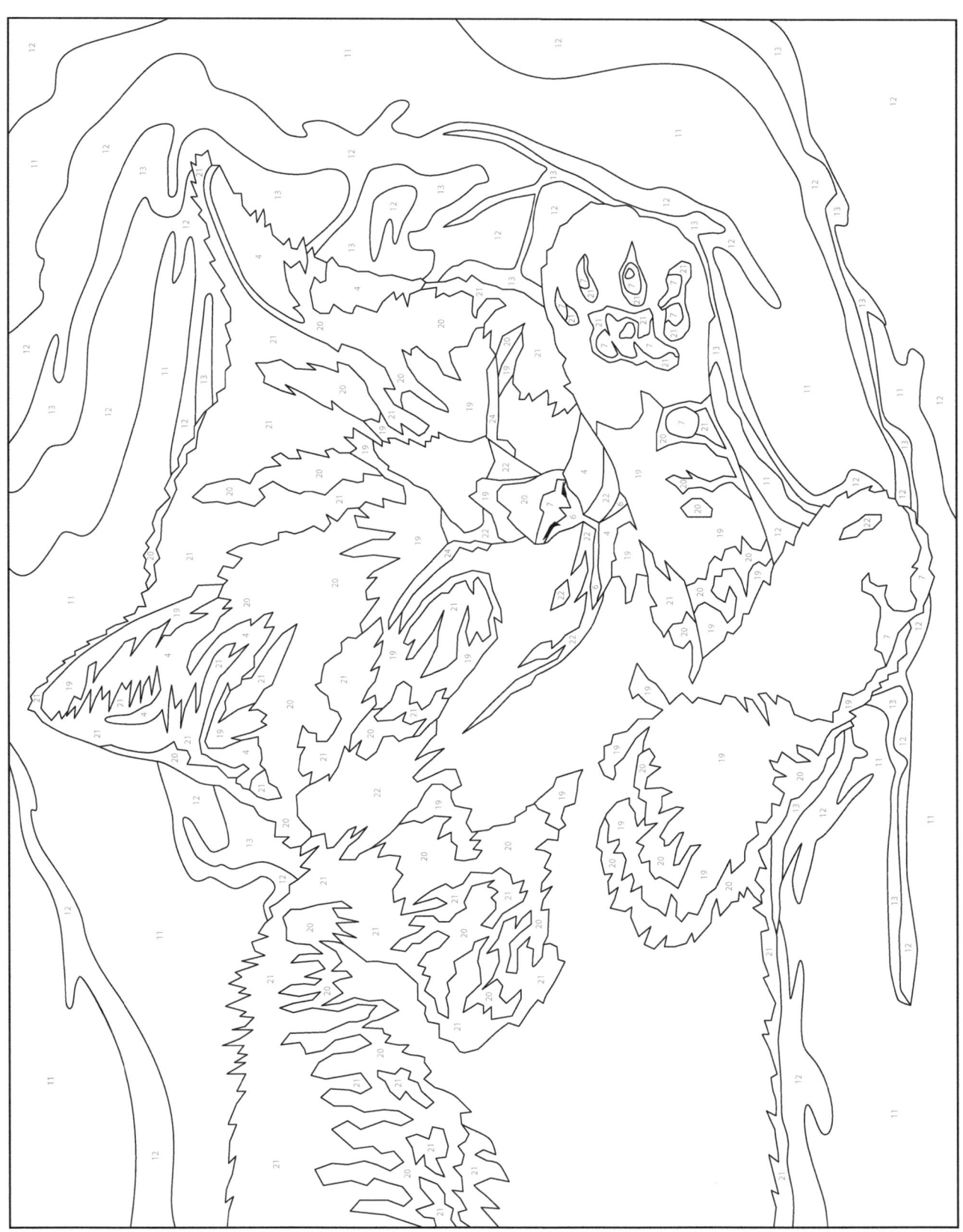

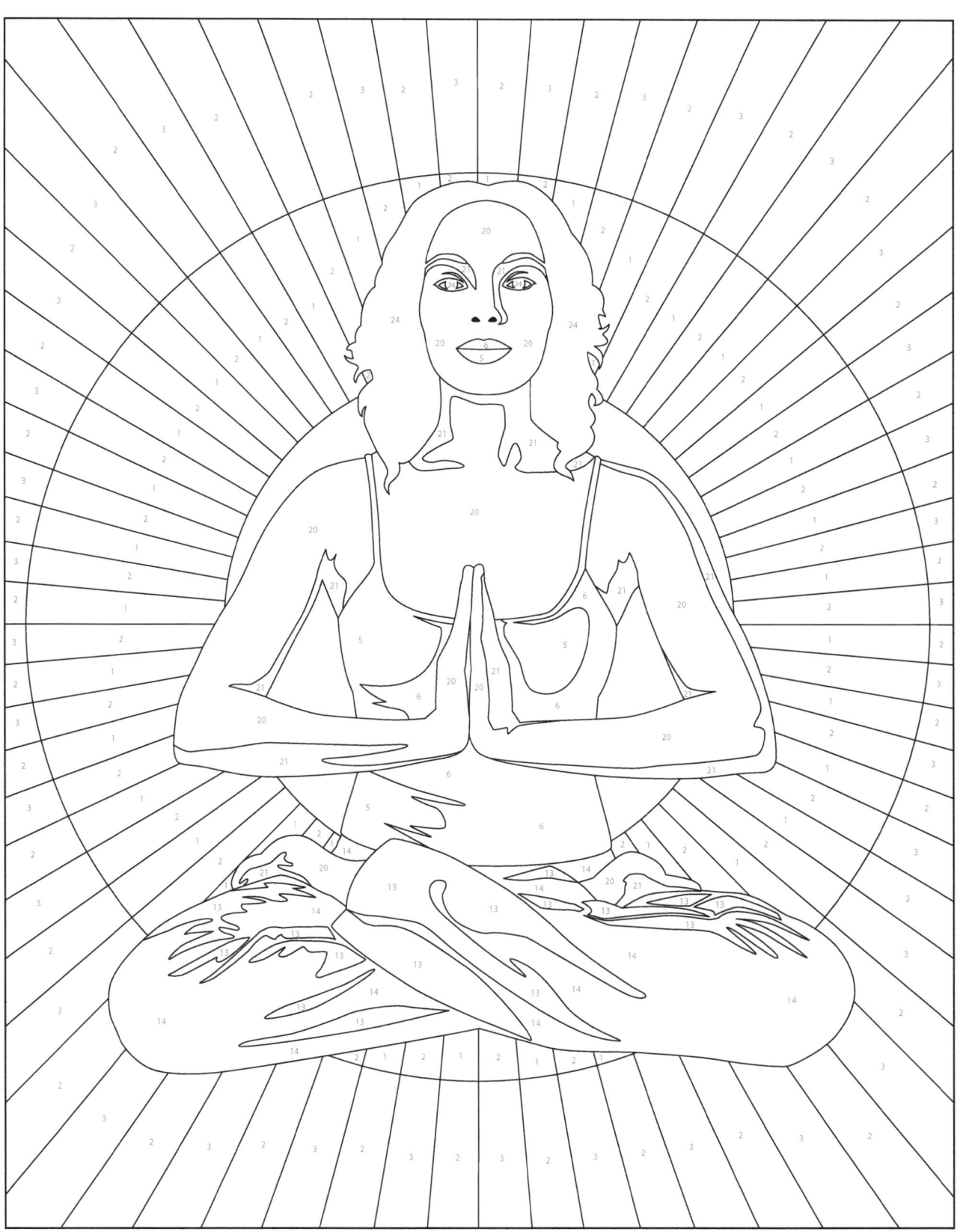

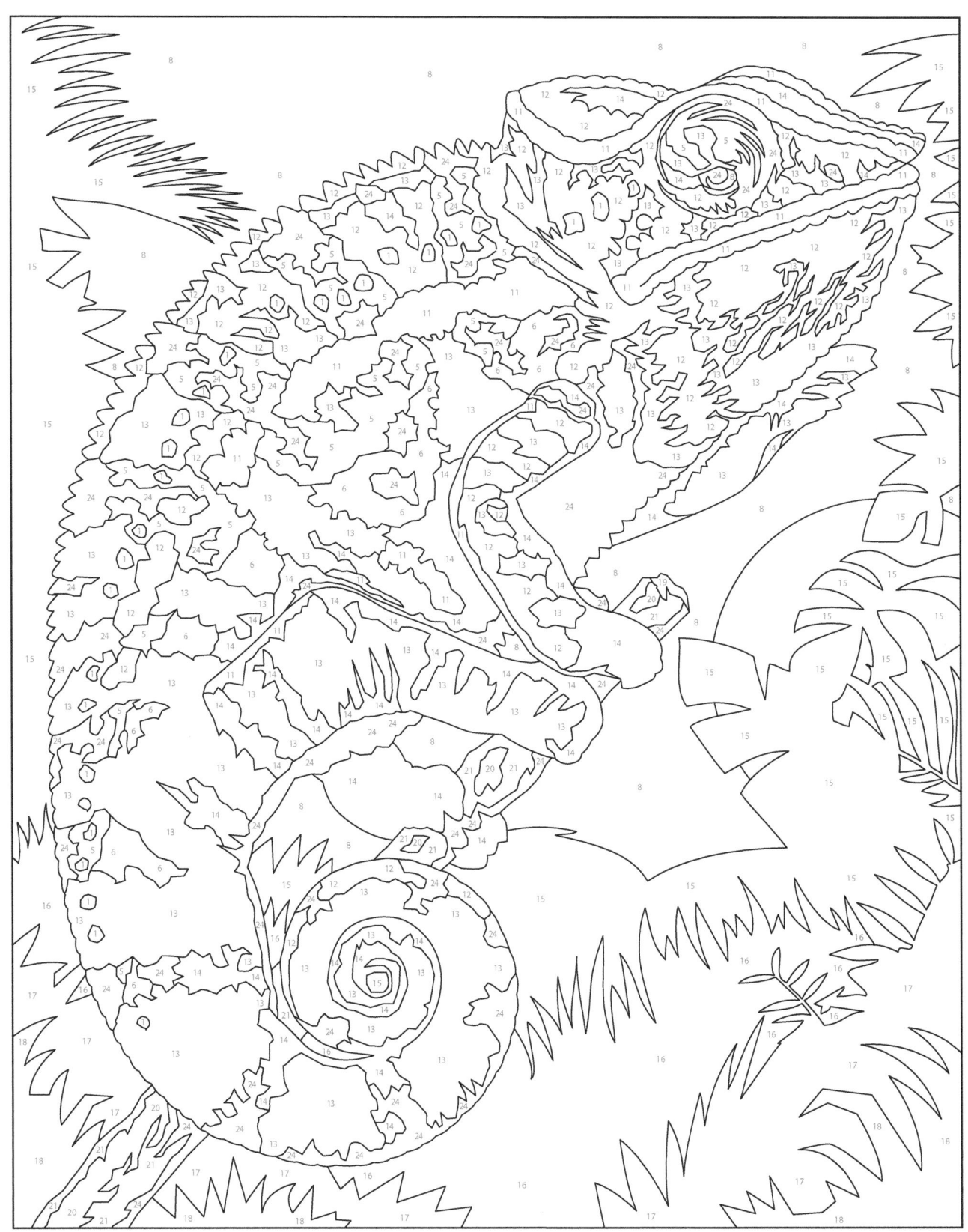

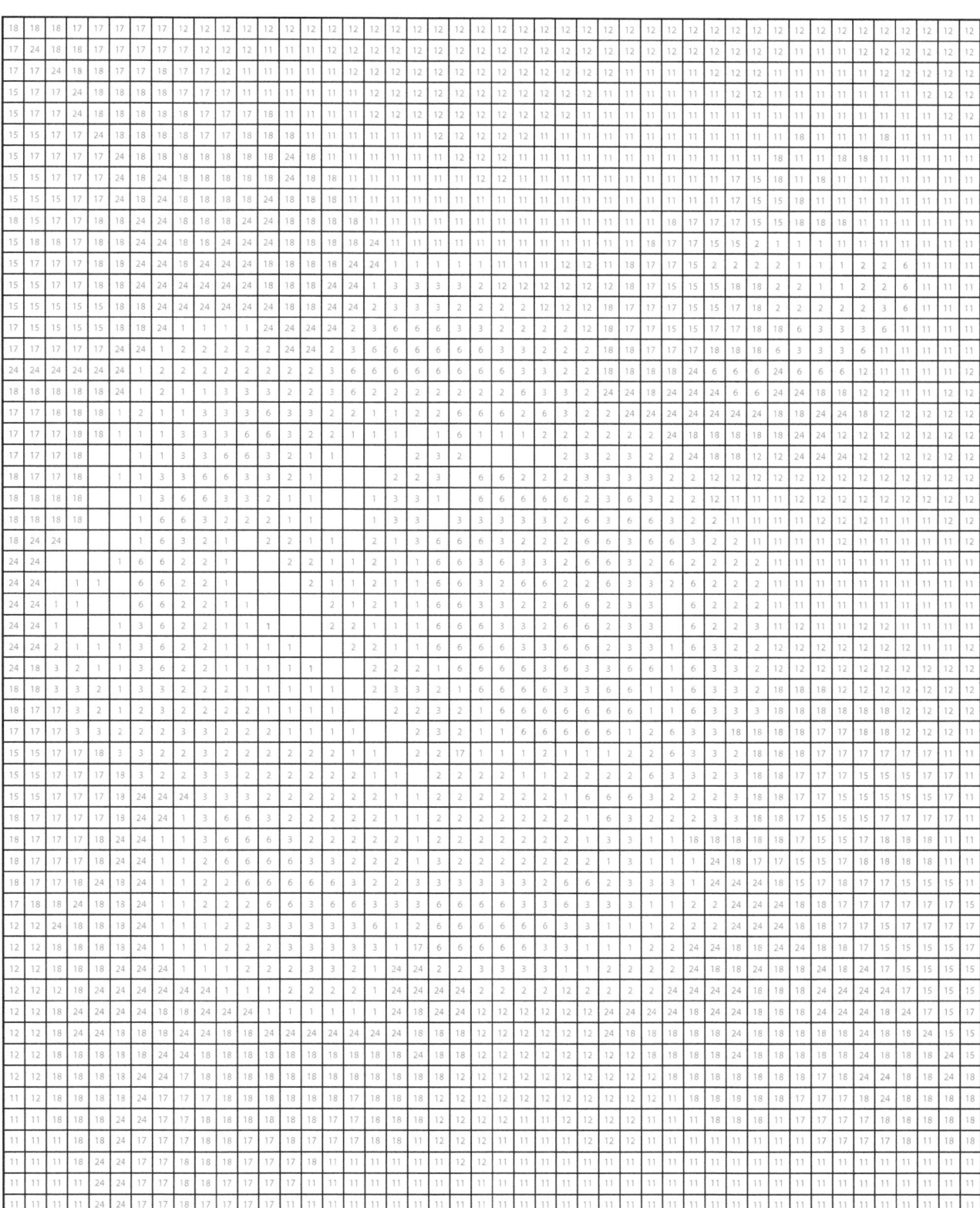

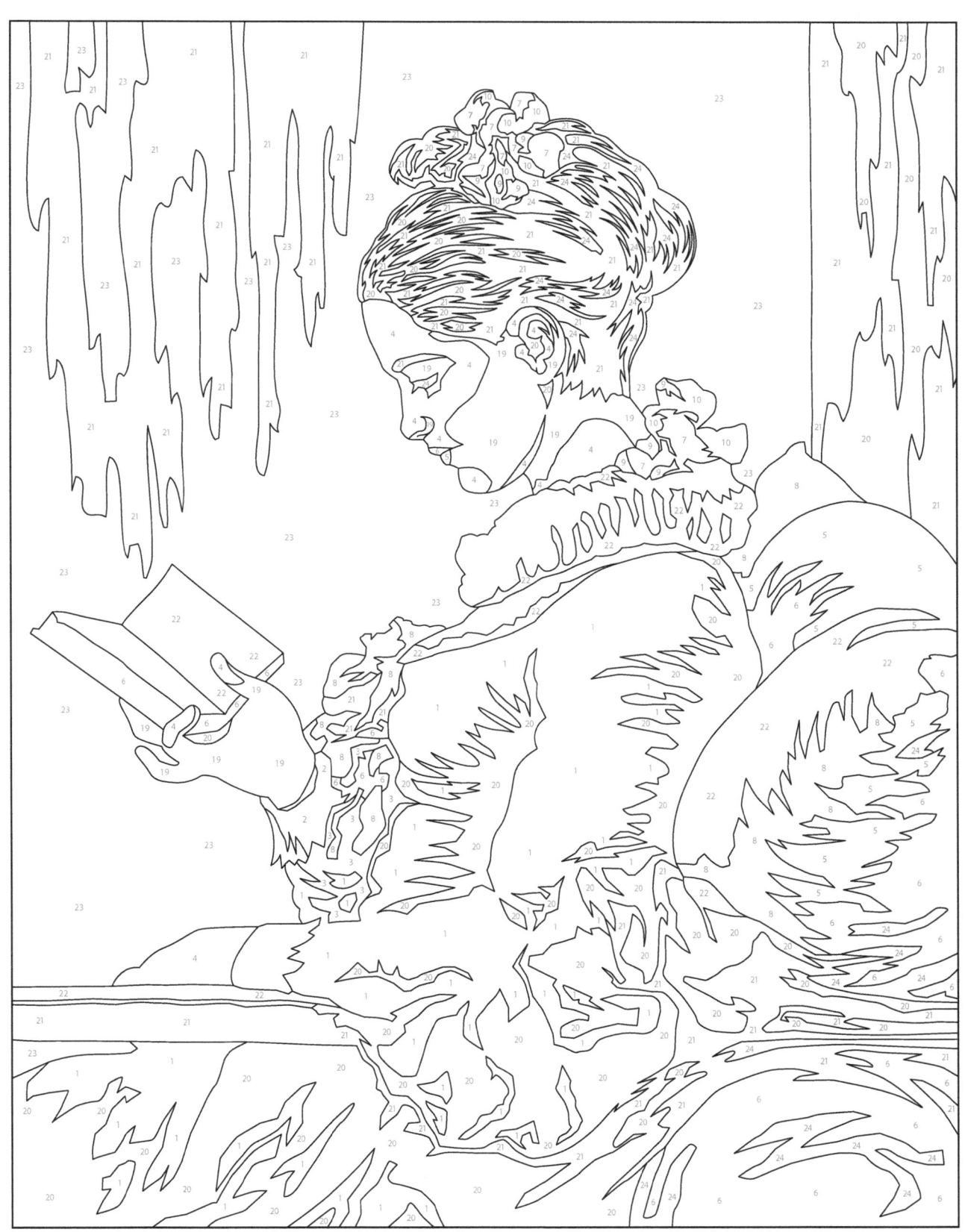

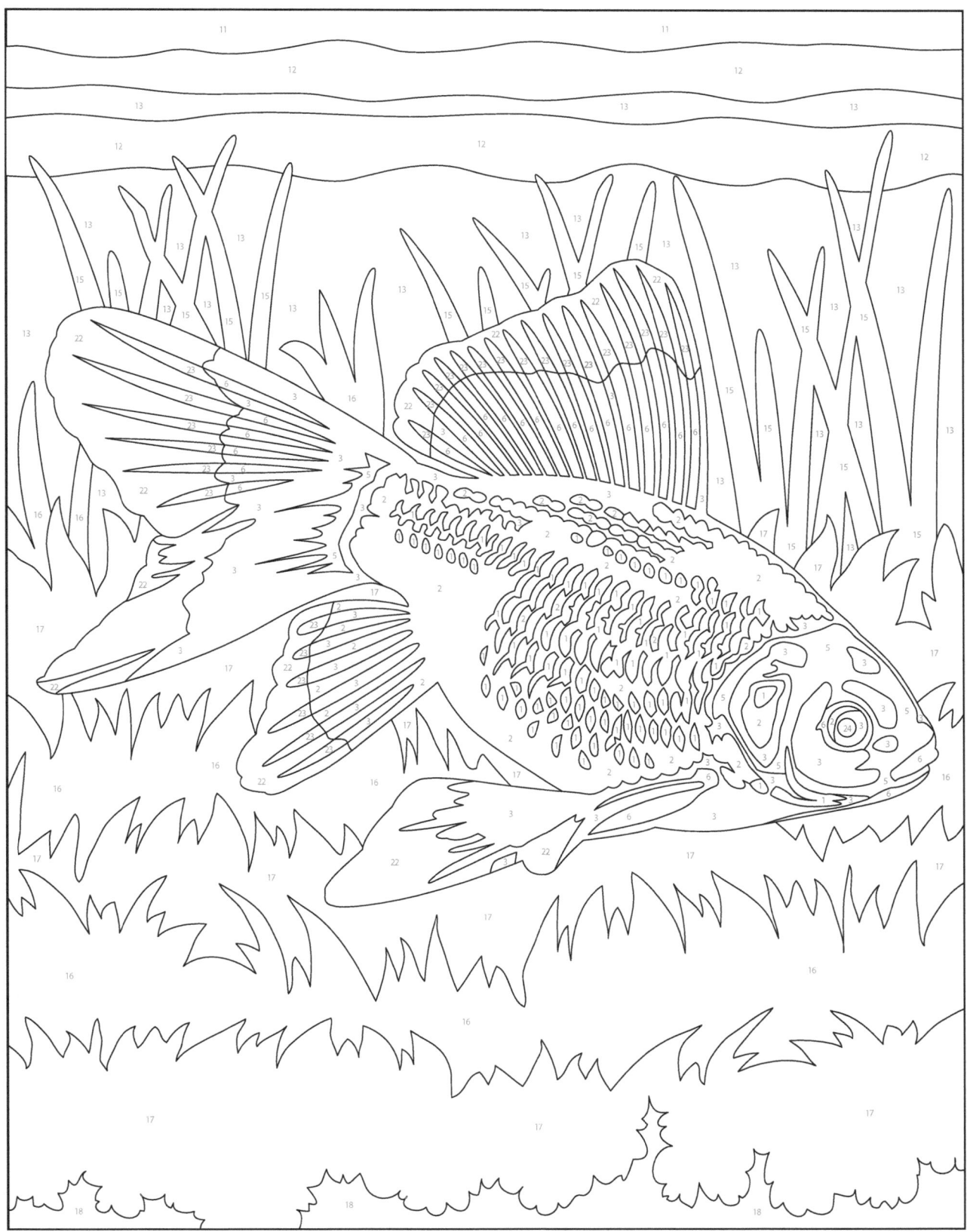

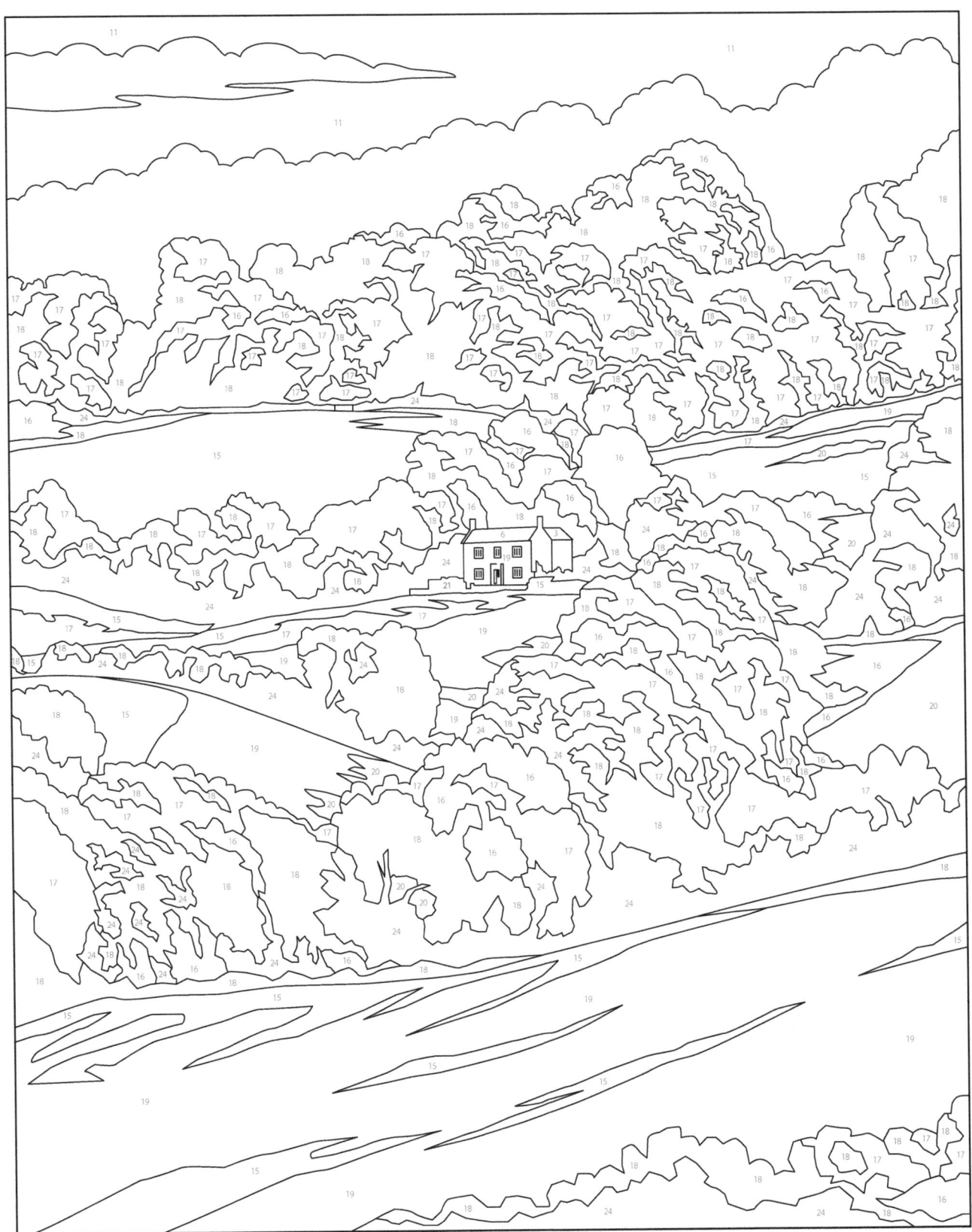

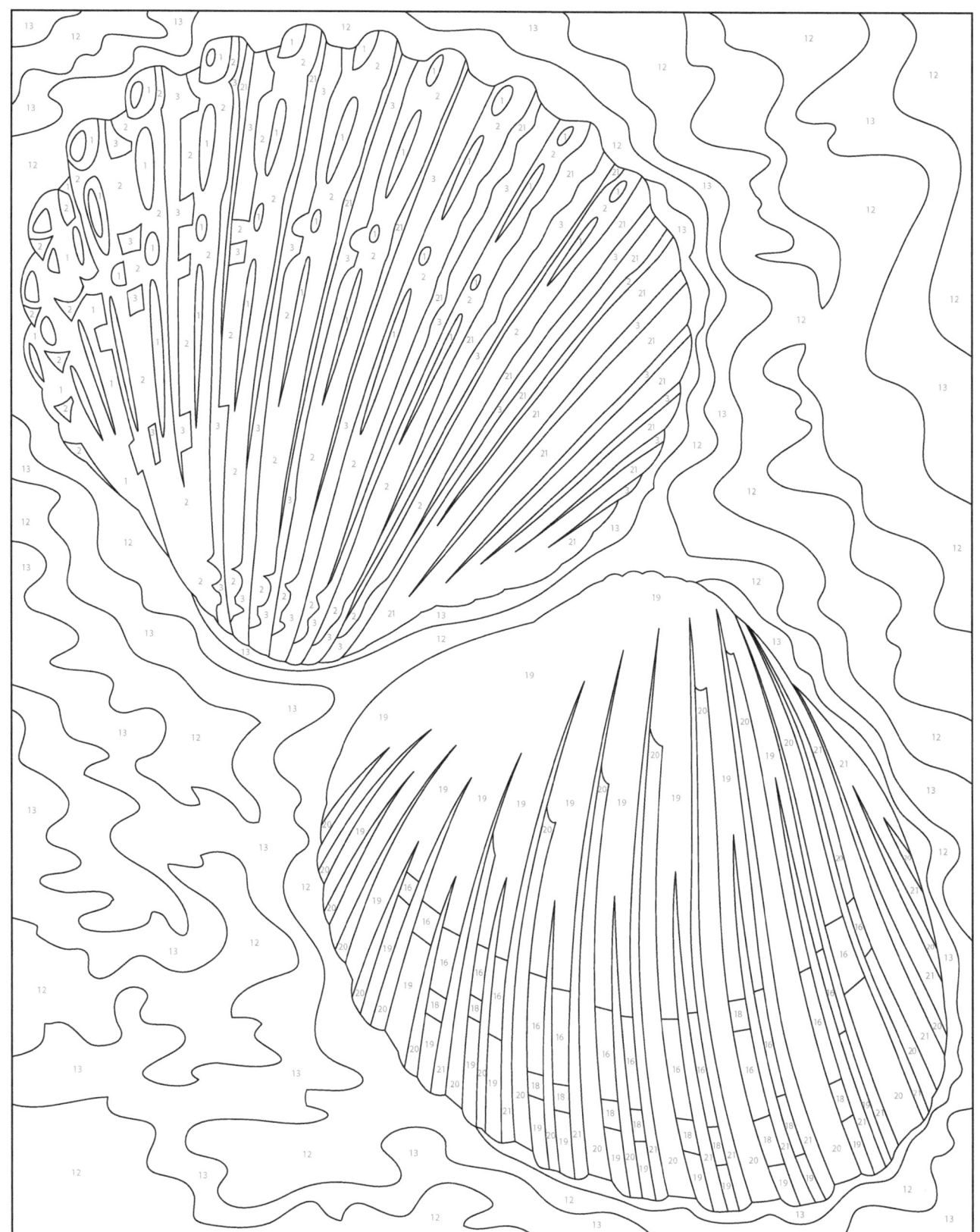

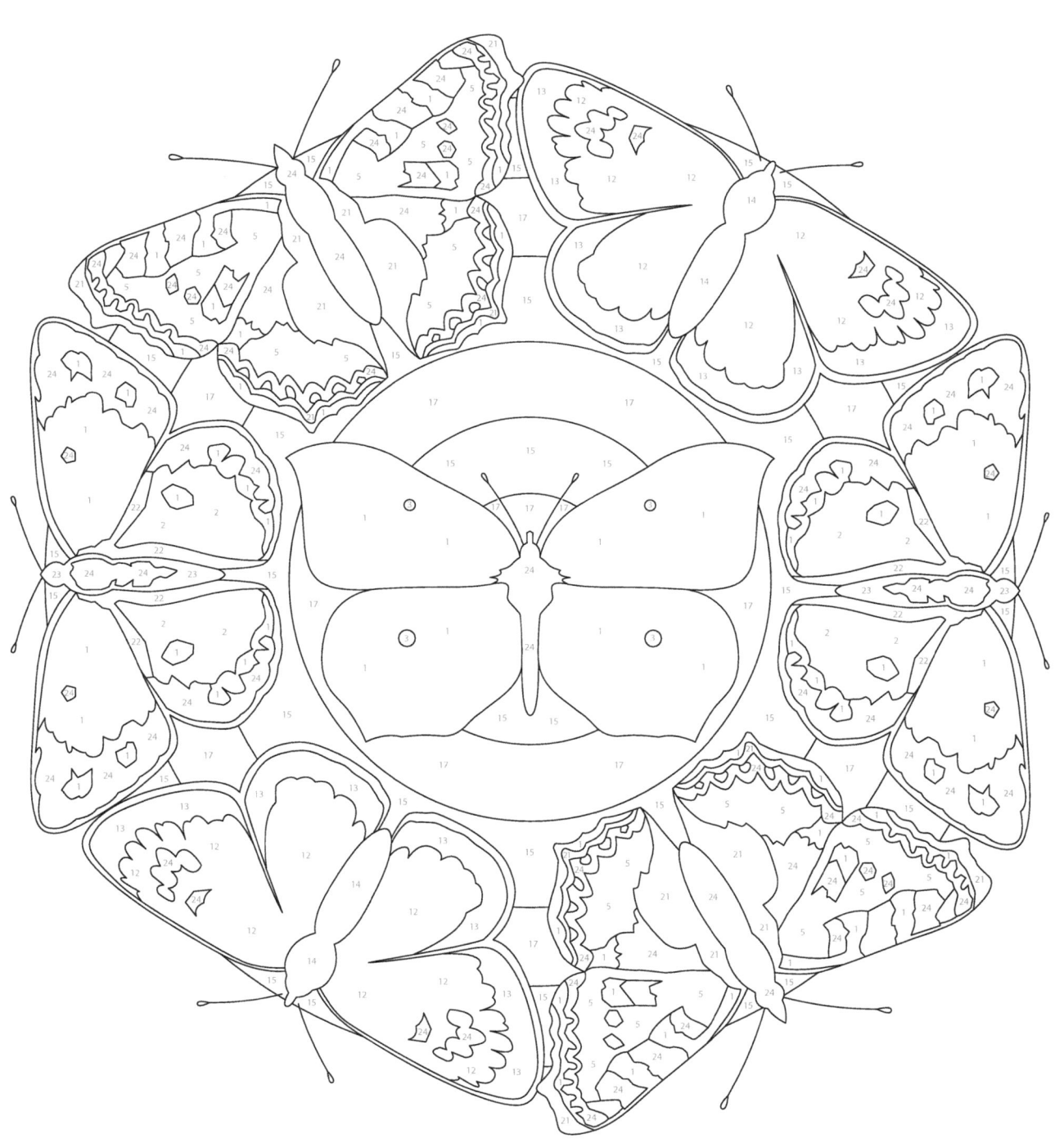

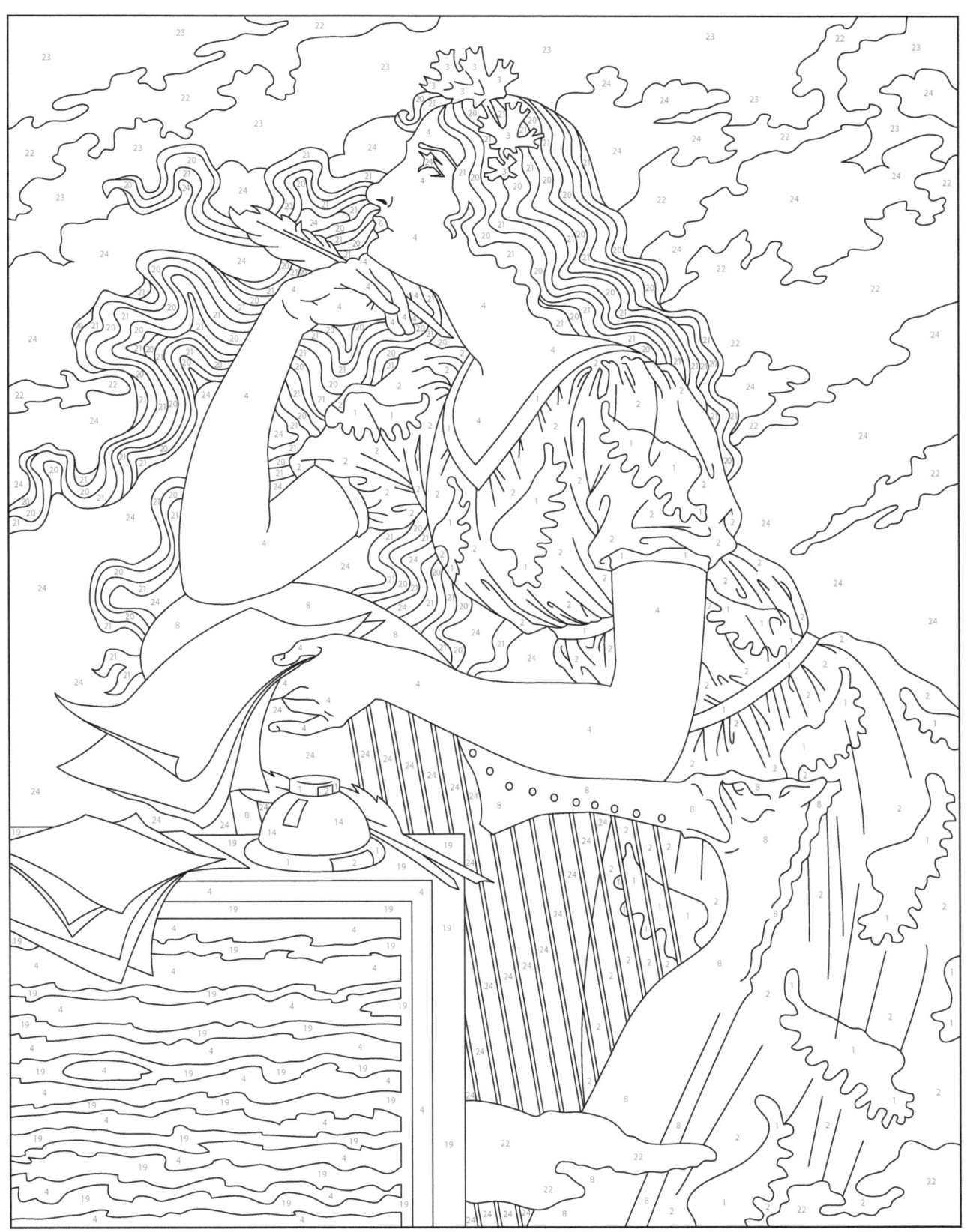

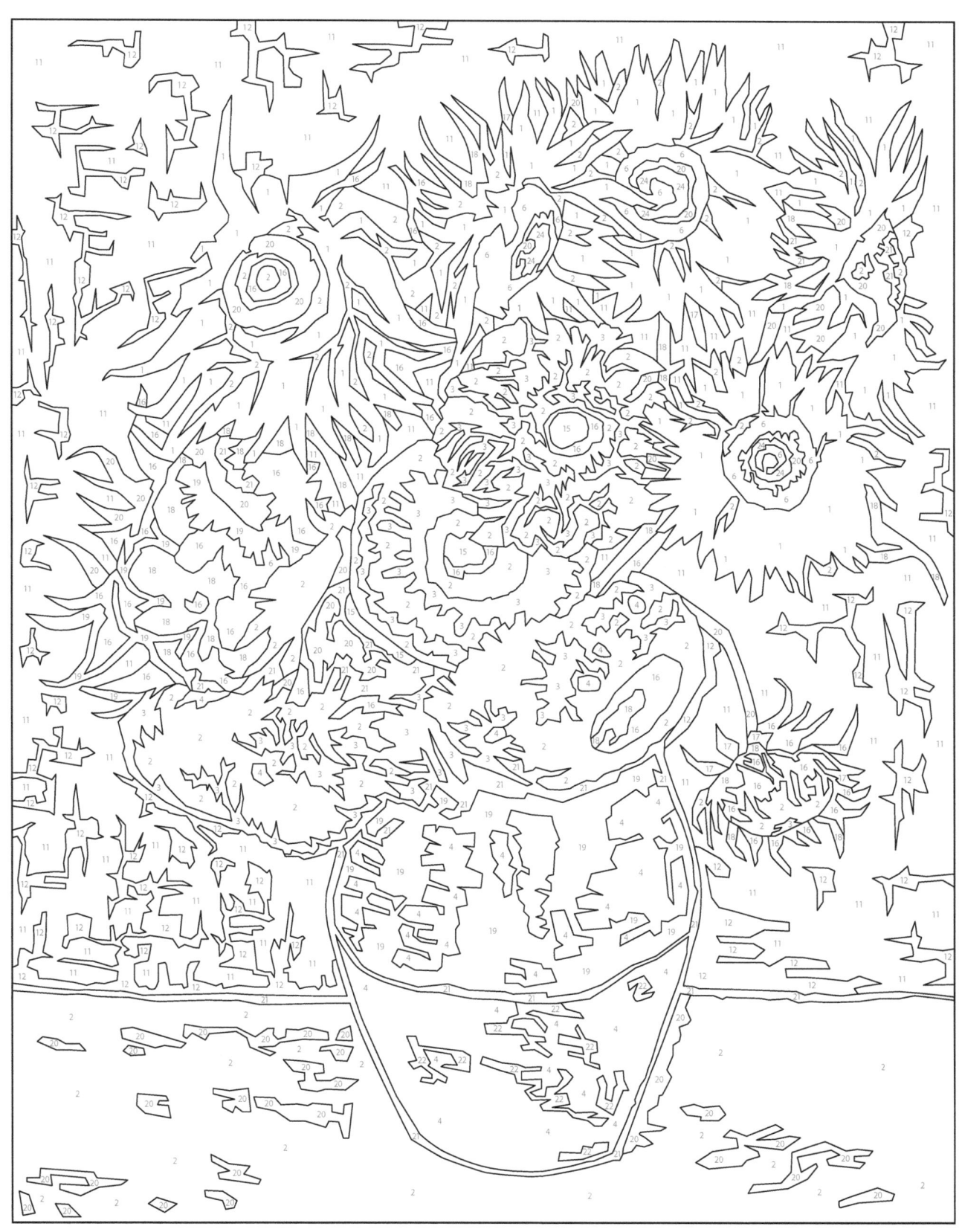

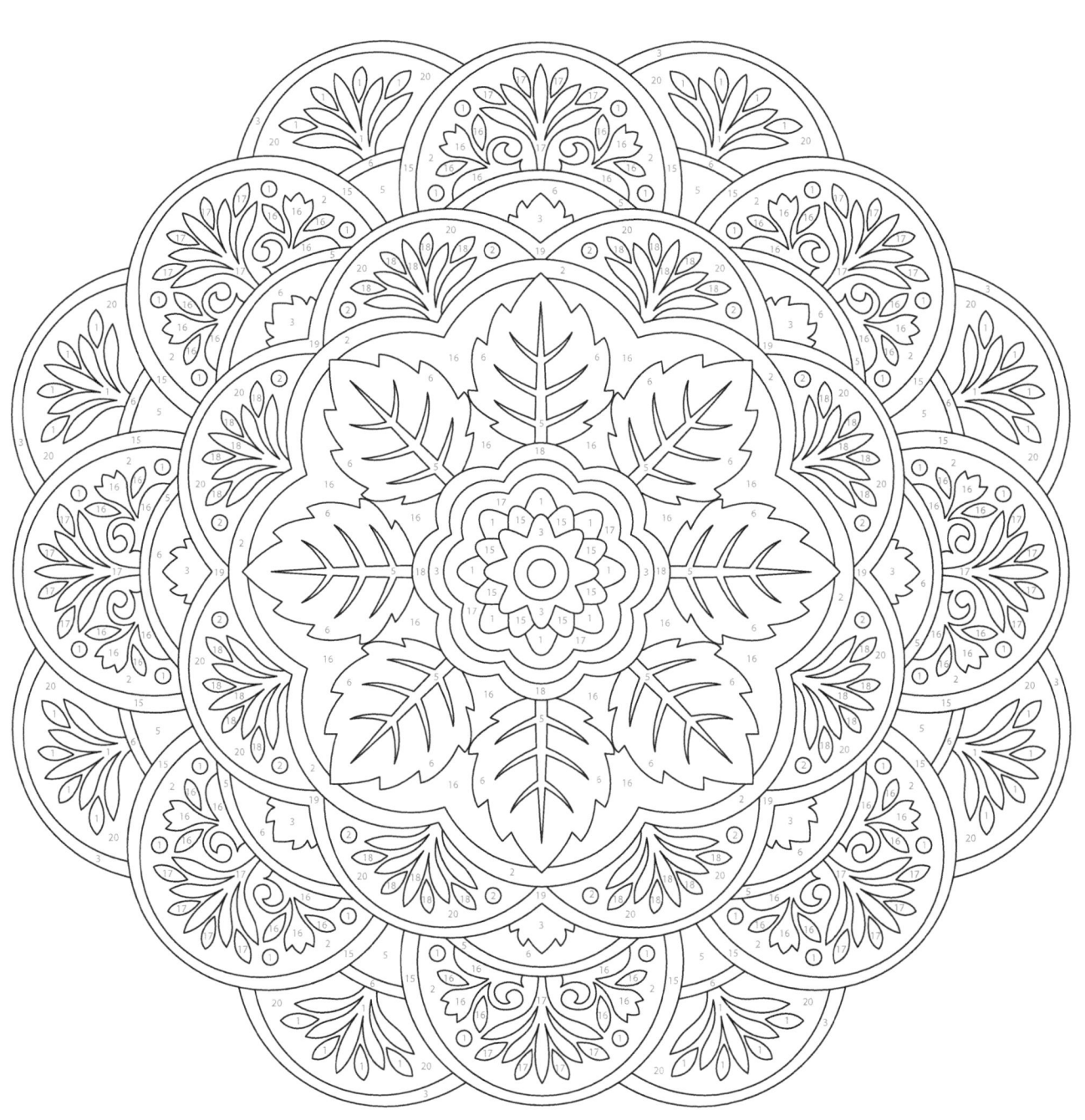

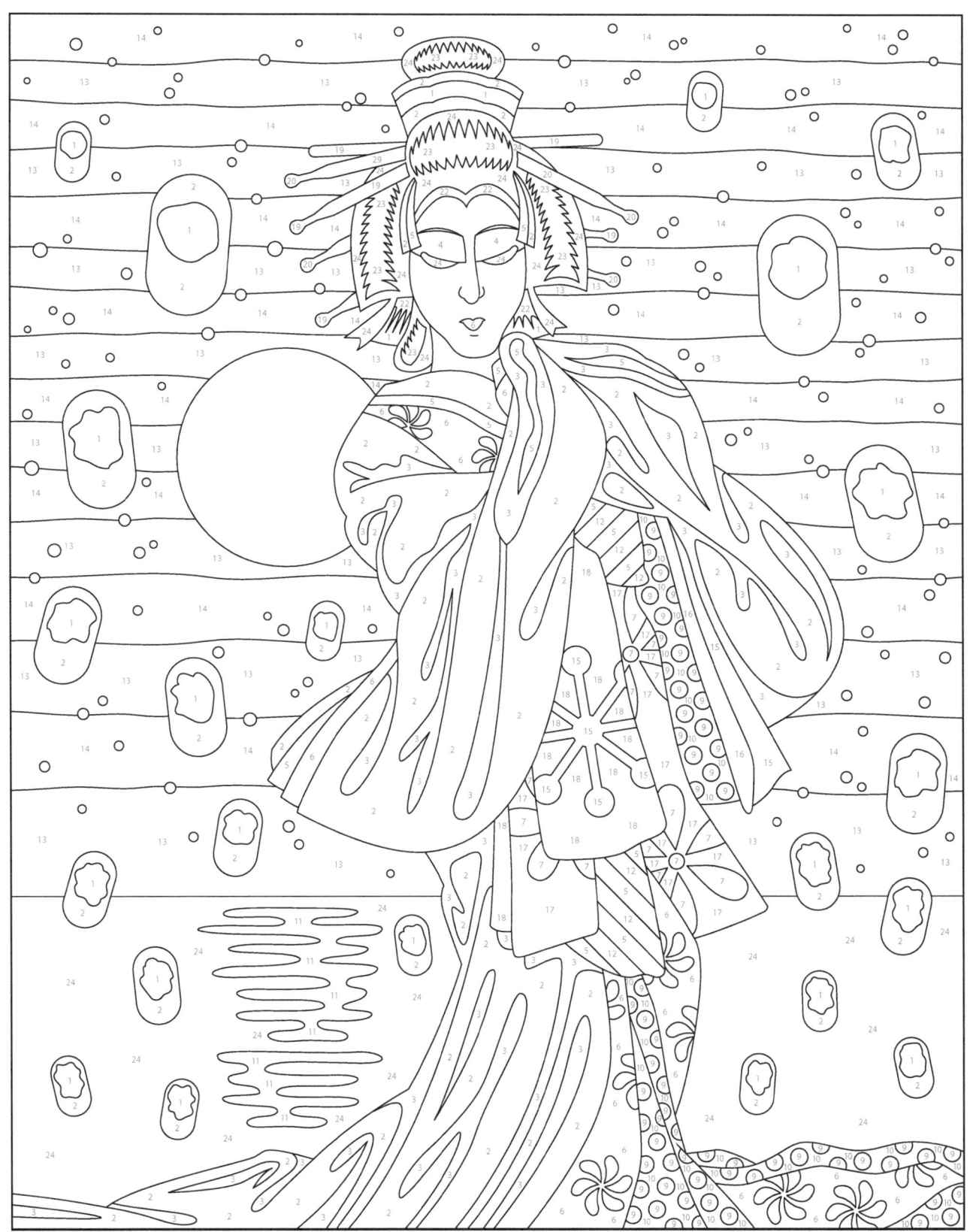

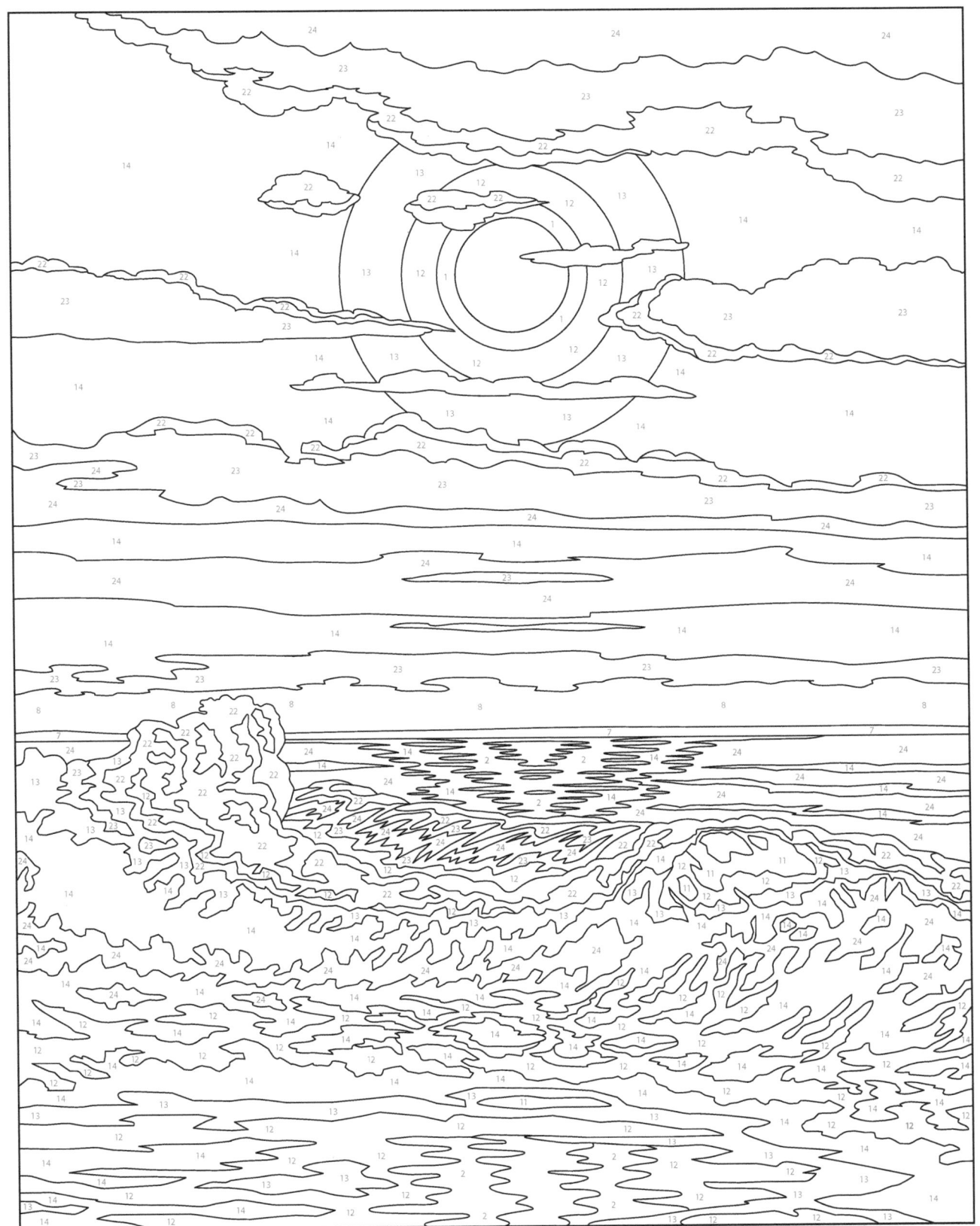